大展好書 好書大展

大展好書　好書大展

社會人智囊
47

能言善道的說話秘訣

章智冠／編著

大展出版社有限公司

前言

春暖秋涼之際，各公司行號紛紛舉辦各種交誼宴會。酒宴方酣、搭配著各種餘興節目，更使得酒宴達到高潮。

不善此道而表演得不好，那是理所當然的，但是，宴席中有精於此道者出席時，則不免會惹得噓聲四起。

相聲、說書、講課……既然讓對方付了錢，收了學費，當然語言的表達能力非常好，姑且不論演員或藝人的表現，即使在高中、大學的講師或教授，也有許多人是不懂得說話技巧的。

若能自覺表達能力之不足，還有藥救，而視此為專長技藝而自鳴得意者亦不乏其人，既然身為傳達知識的角色，就應該對其所使用的方法負責，否則，是不夠格的。

再者，所謂良好的表達能力，又表示什麼意思呢？這可能因說話的場合、目的、說話時的自覺等等狀況之不同，而有不一樣的解釋及意義。

本書就是基於上述的理由，而從各個角度來取材編成的。本書共分為四部份。即基本篇、技術篇、場合應用篇及自我管理篇。

基本篇中說明，不管在何種情況下的說話都應該具有的心理準備及秘訣；技術篇告訴您，如何地以和諧的方式來對應這個時刻都在變化的社會，以及人際關係的技巧；場合應用篇則可以告訴您，在聚會、廣播或各種節慶時，如何使自己能夠妙語如珠；自我管理篇主要在說明說話本身如何與自己的個性相呼應，能力的表現等等方法。

作者花費心思，相信各部份均能受到讀者的喜歡，並希望能夠活用這本書。

目　錄

第三章　魅力十足的日常會話

第四章　打動人心的說話術

第五章　具吸引力的提供資訊的談話方式

第六章　在聚會或行事時，說話的秘訣

第七章　要克服不善言詞

第一章

適切的表達使你備受歡迎

機械剝奪了說話的機會

在我們身邊，所到之處均漸漸被機器所取代。

車站裡自動售票機早就等在那兒了，連「到台北一張」都不必說，只要投下硬幣，車票就會自動跑出來。這種情形實在是不像「話」。搭乘巴士也幾乎是一人服務車。沈默的將錢投入，到達目的地時按下按鈕就下車了，連一句話都不必跟司機說，想喝點什麼，只要將錢幣投入自動販賣機，飲料就會咚地一聲掉出來。

當有錢財進出金融機關時，行員總是滿臉笑容地親切招呼者，然而，現在由於自動提款機的登場，通常只要一紙卡片，輕輕地插入即可獲得一疊鈔票，如今只要一卡在手，萬事不愁，連最基本的談話都不需要了。

總之，現在可以說是「機器文明剝奪了說話機會」的時代了。

以前，到各公司拜訪時，服務台的小姐總是笑著說「歡迎光臨」來接待你，但是，最近卻只是掛著一塊牌子而已，人都不在了，牌子上寫著「歡迎光臨」。人與人之間不再以言語溝通，而以一塊牌子取代，也許是為了節省人力的關係而不得已吧。

所謂「說話」，的確是一件非常微妙的東西，就因為你的一句話而使得對方的表情改變，譬如，你說「糟糕！完了！」的時候，對方的表情可能因而有所變化吧！像這樣的情形經常可見。但是，當面對機器時卻沒有這種心理反應，只要按下某個按鈕就可以了。

像這樣用慣了機器的人對於活生生又充滿變化的人類就顯得越來越不會說話了，其結果又會是怎麼樣的呢？

首先是一般的女職員，可能會變得面無表情，往往在面對著顧客的抱怨也只是簡單的一句「啊！是嗎？」而依然是面無表情，此所謂「職業化的女職員」是也。

再者，與人見面也不打招呼，早上到公司上班也是一言不語，默默地往座位一坐，像這樣的男職員有日漸增加的趨勢，因為在普遍機械化的現代，在使用機器時是不用打招呼的，是不是因為這種習慣使然，使得人與人之間變得生疏了呢？

現代人經常以汽車代步或搭乘電梯而使得雙腳的功能衰退，平常也許沒注意到，一旦有機會爬個樓梯就顯得氣喘如牛，稍微運動一下，隔天就腰酸背痛而突然發覺體力不如前的人相信不在少數吧！

語言的表達能力也是類似這樣的情形，機械化的關係使得開口說話的機會減少了，不知不覺之間，語言的能力就漸漸衰退了，雖然一心想好好地表達自己的意思，但還是讓對方誤解而驚覺自己的表達能力衰退得如此厲害。

良好的語言表達使自己、團體更活潑

如果你是一位幹部，那麼如何駕馭部屬應該是最大的課題吧，如何將上級的意思無誤地轉達給部屬，如何對暮氣沈沈的部屬做一番心理建設，如何要求經常遲到的同仁不要再犯……等等，這些可說都是需要「說服」的說話技巧。不具說服能力的人是不夠格當一位管理、監督者的說法，也許並不過分吧！

一般職員的話就必須具備向上司報告的表達能力，簡潔、適切的報告可以使上司認同你的能力。「辦得好！你辦的事我放心！」讓上司肯定你的存在與能力，報告是表現實力的絕佳機會，上司也因此對你有所評價。

在團隊裡被認同是表示你的能力被認可，你的存在價值被認同，具有良好的表達能力就可能辦得到，這裡所謂的「良好的表達能力」並非「聊天高手」。

另外，如何說服上司也必須具備良好的表達能力吧！為了使自己的企畫案能付諸實施，就非說服上司不可，若不具備這種能力，縱然有滿腹經綸也難在團隊裡出人頭地。

女職員也必須具備報告的能力，甚至於「連絡」的能力，男職員外出時，若有來電，將如何適切的處理，又如何正確無誤地轉達給本人等等，交易的成功與否，仰賴於女職員的連絡能力，有許多業務上的往來，往往因為電話連絡上的怠慢，使得對方怒而取消了這場交易。

「只要她在，整個工作場所的氣氛變得好愉快，工作的進展也很順利」。妳能獲得這樣的讚美，是因為妳的說話、表達非常明朗、輕快的關係，這也可以說是屬於女性特有的，男職員要學也學不來的特質。「請進……這件事情請到三樓總務課辦理。」身為服務台的服務員，如果能夠如此爽快、俐落地招呼顧客的話，必有助於整個企業形象的提升。

在百貨業有一句傳言說：「怠慢了一位客人，就會失去二十五位客人。」也就是說，一旦風評不好被傳開的話，顧客自然就減少了，相同的情況也可以適用於任何企業吧！如果能夠重視對待客人的態度及措詞，企業的風評就會提升，顧客也會日漸增多。

其結果才能促使整個組織得以茁壯，組織茁壯，人員就會增加，此時，總會產生情報的管路不通暢的情形，上面的命令總是無法順暢地傳達到基層，而由基層呈報上來的提案亦往往在途中下落不明，這是因為上級與基層的傳達能力尚未臻成熟、組織產生動脈硬化之故也。果真如此的話，那這個組織的死只是時間的問題而已。

如上所述，為防止組織的動脈硬化，就必須提升每一個成員的意見及溝通的能力，也就是表達的能力，也唯有如此，才能使組織生存下去。

怯場的人是正常的

在大庭廣眾面前，跟初次見面的人或是跟長輩、上司說話時，任誰都難免會緊張而結結巴巴的。一般人總以為只有自己會怯場，而為何別人都那麼鎮定？其實並非只有你會這樣，任何人都會緊張的。只是這種緊張的態度沒有讓他人注意到罷了。

即使習慣在眾人面前說話、表演的藝人也一樣會怯場，有一位藝人，在正式演出前總是頻頻地跑廁所，幾乎每五分鐘就想去一次，聽說有一位M播音員，當初在廣播之前總得到澡堂泡一泡，否則就無法鎮定，因此每次臨到現場採訪時，總得提前到採訪地的附近，先找個澡堂泡一泡，還真是麻煩呢！

人，任誰都會怯場的，會怯場才是正常的，如果說不論碰到什麼場面都面不改色，心臟的鼓動也完全沒有變化，那才是異類呢！

人類首先透過視覺，以互感來捕捉外界的變動，而能立即產生適當的行為，當做在人多的場合下，或是與未曾謀面的人介紹認識時，可能會因為緊張、怯場而面紅耳赤、心跳加速吧！其實這正好足以證明，在你體內各器官的運作是正常的一種證據，因此，你應該感到高興，因為，會緊張才是正常的，也因為你懂得這麼想，才能使你更容易鎮定下來。

如果老是倉惶地認為「會緊張，怎麼辦？」反而會助長你的不安感而說不出話來。因此，對於怯場的情形，應該直接了當地面對它。

有一位歌手曾經這樣說過：「如果我能在觀眾的面前不緊張的話，那麼，我的歌唱生涯也完了。」這正是他認真地在考慮「唱歌」的明證。心裡想著「只要我好好地唱」自然就不會怯場了吧！說話的時候也是一樣。

有一位年輕的議員向經驗老道的議員請益，他問道：「我在演說之前總是心跳加速，不知所措，這是不是不正常啊！」經驗老道的議員就回答他說：「那是因為你對於自己的說話表示出認真的態度，所以是理所當然的。」

以說話術堪稱第一流的廣播員也曾這麼說過：「在廣播結束之後，持續一星期的時間，吃東西都有如嚼蠟一般。」

像這種專靠嘴巴吃飯的專家，即使在考量自己說話的表現時，也難免會有緊張過度的情形發生，更河況我們這些生手呢！與其如此，不如就視其為理所當然也就罷了。

但是，緊張過度而忘了要說什麼？或者是說話途中接不下去的話，那就真傷腦筋了，因此，我們應該視緊張、怯場為自然的現象，並且儘量給自己製造臨場的經驗，因為，這是消除緊張、怯場的第一步。

消除怯場的心理準備

有一位中年男性，在「說話教室」裡輪到他練習演講時，往往站在眾人面前，滿臉通紅地，半句話也說不出來，問他：「怎麼啦？」他回答說：「以前曾在公會裡發表演說，途中因說不出話來而飽嘗失敗的滋味，現在只要一站在眾人的面前，就會想起以前曾經失敗的經驗而說不出話來。」

因緊張過度而說不出話的人，可能和這位男士一樣，因為想起以前曾經失敗的慘狀而使得說話的慾念消失殆盡，只知回顧過去而難以脫離過往的陰影，其實就因為這種暗示性的作用，而使得失敗的結果再一次呈現在現實的生活當中。

人，往往只知回顧過往卻不知前瞻未來，雖然失敗為成功之母，但老是注意過去的失敗，將會使得人們比以往更踟躕不前，也就是說，經常在心裡描繪出美好的一面是非常重要的，要往積極的一面想，因此。

1、把聽眾當做朋友——有一位助講的相聲演員，為使自己不緊張，曾在手掌上寫個「客」字，並且去舔它。因為，據說以前曾經有過「舔一舔客人就不會緊張」的傳言。

但是這種說法並不值得鼓勵，不如把聽眾當成朋友才是重要的。因為，不管是誰跟自己親近的友人說話時，是不會緊張的。就因為是初次見面，且盡是不認識的人才會緊張。據說，曾經有位歌手，當他緊張的時候，就會告訴自己「我最喜歡聽眾了」。他這麼做，自然而然地就能消除緊張，使自己鎮靜下來，因此，「就當作在自己的朋友面前說話」的這種心理轉換是非常必要的。

2、腦海中經常想起屬於成功者該有的姿態——因為老想著過去失敗的經驗才會講不出話來，所以，應該腦海裡清晰地描繪出，在初次見面的人面前、在大庭廣眾之前更能滔滔不絕的景象，如此，才能激厲自己好好地幹一番的意念，心裡儘量想像一些成功的事例，如「前次曾經在數十人面前有過優越的表現」、「更早之前，也曾在某處博得滿堂彩」等等，並且不時地告訴自己「這次也一定能夠應付自如」。像這種心理轉換的過程是非常重要的。如此，才能保持明快的心情，胸中才會充滿「一定成功」的美好希望。這就是促使優越表現的源頭，因緊張而說不出話來的人，是因為心裡積存著「前次又失敗了。手腳發軟，聲音變得尖銳無聲……」等令人氣餒的景象。而不會緊張的人，是因為在他的腦海裡經常浮現出一付令人喝采的景象。就是這種明快的情緒，才能使自己平靜下來。

諸如這種由消極更為積極，由灰暗轉為明快，由失敗的陰影轉為成功的景象的情緒轉換，正是使自己的語言表達能力更上一層樓的心理準備。

有概念才有話說，固執頑強則話不投機

人類從呱呱墜地到牙牙學語，時至今日，總是視說話為其極自然的行為，好像不曾對「說話」作更深一層的探討，總以為「我說了，對方就能懂」。直到有一天才發覺到我說的話是否能夠讓對方完全了解呢？這時才知道語言其實是扮演著人與人之間溝通橋樑的重要角色。就好像空氣對人類非常重要而不可或缺的。但是，平常卻根本不曾注意到空氣的重要性是一樣的。說話就好像空氣對人類一樣，從來不曾有過一天的間斷。

「真想跟這個人作一番交往」、「必須將這件事轉告他」等，就因為有這種意念，才會產生說話的行為。但是，就因為我們不曾好好地思量「說話」這種行為，而使得想要結交的對方拂袖而去，有心要將消息完整地轉告他人，卻使得他人一知半解，往後我們應該摒棄這種「無心式」的說話行為，而將「我現在正在說話」這種意識深植在腦海裡。

有一位外務員曾受其同事之妻的請託，這位太太告訴他：「我先生一喝酒就變得粗野無禮，真傷腦筋、請你好好勸勸我先生好嗎？」於是他就約他的同事一起到啤酒屋，一邊喝酒就一邊開始他的勸告。

「我說，兄弟啊！平常喝喝酒沒關係，但是不要每喝必亂嘛！真是苦了你老婆啊！」

聽他這麼一說，他同事頓時臉色大變，怒叱說：「什麼！你算老幾？還輪到你來教訓我？」結果，兩個人竟揪在一起打起架來了。從此以後，兩人竟然絕交老死不相往來。

原先是「非好好勸告不可」的意念，卻演變成頑固的爭執，結果竟破壞了彼此之間的人際關係，「說話」的行為，可以增進彼此的人際關係，也可以破壞彼此的人際關係，真可謂是刀之兩刃也。

原本是希望藉著好好的勸告，能改善酒後粗暴的不良習性，如此，同事的太太也會感激他，更能增進與同事間的友誼，結果卻導致絕交的反效果，其實，仔細的想一想，對於一個酒後無德的人，邊勸告邊喝酒的方式，又怎麼會有效果呢？平素清醒不喝酒時，也許還有成功的機會呢！說話場合的選擇就已經錯在先了。

像這樣不經考慮就說出來的話，往往會造成無法挽回的結局，不要再作「無心」的說話，心裡應該抱著「你好好聽我說」的這種意念，雖然一心想勸告對方，但當對方發生情緒化或不可理喻的情況時，也該不再強求，否則，雙方的固執已見，不但沒有好的結果，也無法達到預期的效果。

說話必須有「我想如何……」的意念，為了達成這種意念，才會產生說話的行為，抱著達成意念的想法才會有所效果，為達成這種效果而說出的話才是言語的開始。

措辭的目標管理使效果倍增

「怎麼儘說些不著邊際的話……」

「我現在到底在說些什麼啊？」

人們經常會這樣地自問。前者是因為想到哪就說到哪，後者則是因為說著說著就把重要的該說的事兒給忘了。

兩者都是不問說話的目的，就滔滔不絕地說，結果連自己到底要說什麼，說到哪都不知道，這樣當然無法達到說話的目的，沒有把握明確的目標說話，對於說的人或聽的人都只是時間的浪費而已。

我們日常的行為也都有一個既定的目標，因為「肚子餓了」，才會有「填飽肚皮」的目標，而才有吃飯的行為，並非眼前有許多食物才吃飯，既然填飽了肚皮，即使眼前擺滿了豐盛的菜肴，大概也引不起食慾吧！

當然，並不是說每回用餐，總得明白「為何而吃」的這種意念才可以吃，而是說人往往在目標不明確的情況下產生了行為。

另外，有些人說起話來毫無主題，想到哪就說到哪，這種情形會給對方一種漫不經心，不知所云的感覺，看到對方生氣的樣子才知道不能這麼說，說著說著發覺偏離了主題，應該轉達的事情又交代不清楚，待事後才發覺自己說錯了而懊惱不已。

當我們與別人見面時，大部份都會從天候或平日的寒暄開始，諸如「今天天氣不錯」、「近來好嗎？」等等，就如從圖形外側「功能」一項的「問候、會話」開始，漸漸與對方接近，到最後也許會進行到使對方能按照我們的意思去行事的「說服」那一項。

另外，像「您要去哪兒啊？」「沒有啦！就到附近逛逛。」等的對話，聽起來好像沒有什麼內容就草草結束了。

類似這樣的對話，雖然沒有固定的內容，卻可藉此使彼此的感情交流，因此這也是語言的一個重大的功能。

這三種功用，有時是各自獨立，有時也可以互相配合使用。重要的是，自己要了解，我現在所講話的目的何在？它的功能是什麼？又必須運用何種技巧呢？

這些都必須先有一個明確的概念。如此一來，相信你在語言表達方面的效果一定會倍增的。

「表達方式」產生的複合污染

「只要他一來，就讓我覺得掃興。」

「他老是跟大伙兒談不來，也不理會別人，整個氣氛都因為他而感到怪怪的。」

有這麼一個沈默寡言的人在場，可能整個場面的氣氛會大打折扣。本人也許不會在意這些，但卻使整個氣氛變得索然無味，這種情形應該不會發生在你（妳）身上吧！

另外，老是聒噪不休的人也令人覺得受不了，不管對方是誰就嘰哩呱啦地講個不停，讓對方覺得受不了，又什麼事也做不成，像這樣一味地製造「噪音」，就好像一座排放污水的工廠一樣。

過於沈默或是喋喋不休的人，都易於破壞整個場面的氣氛，也就等於污染了整個場面的空氣一樣，就好像汽車的排出廢氣及工廠的黑煙，在不知不覺中使空氣受到污染，過於沈默或喋喋不休的人，一旦使整個場面受到污染，我們不妨說是一種「複合污染」吧！

「演講時以三分鐘為限」，雖然如此叮嚀，但是不能掌握時間而滔滔不絕者仍大有人在，在結婚喜宴上發表演說長達十五分鐘者亦不乏其人，當事人也許自以為了不起，但卻使得司儀及出席者感到厭煩不過，這種情形大概可以稱為「會場污染」之最了。

另外，我們經常在無意中因為一句話而傷了對方的心。雖然沒什麼惡意，但是卻讓對方受到打擊。

有一回，一個熟識的女性這麼說，她最近跟一個初識的友人邊走邊聊時，她的友人問她：「妳跟我初相識時，對我的第一印象如何？」她就毫不在意的說：「嗯！我覺得妳有點可怕。」沒想到她的友人聽到這個回答，馬上變臉，腳步零亂地掉頭就走，從此以後不再交往，她只是想表達「不易接近」的這種語氣，想不到卻傷到對方的自尊心。

另外，有個二十來歲的年輕人曾經這麼說，他說：「在我唸小學的時候，剛從澡堂出來，心情舒爽，於是就用鼻子哼著歌，這時家父突然對我說：『沒想到你是音痴』啊！當時，看著父親的表情並沒有任何惡意，但我卻好像被人用鐵鎚猛敲了一下似的，自此以後，至今幾十年間，我不曾唱過歌。」

即使如親子間的親密關係，也會在不知不覺中因無心而使聽者受到打擊，更何況與他人之間的人際關係，想必會帶來更大的影響吧！

食物的污染會在體內產生不良的作用，但語言表達的污染卻會使得對方的內心受到傷害，就好像當你發覺到公害的污染時，已經來不及似的，當你發覺到語言表達的污染時，可能已經破壞了整個會場的氣氛，也已經傷了對方的心，因此，不可不慎也。

第二章

說話的技巧

姿勢決定內容

在談話或發表演說時，一般人都只注意到演說的內容，其實真正在演說時，聽眾所注意的是整個的你，注意你在舉手投足之間加以判斷。

也就是說，當你演說「被聽」的同時，也「被看著」演說，何況對人類而言，由視覺所傳達的印象要比收音機來得深刻，就是明證。

人們首先會注意你的台風穩健與否，而加以判斷你是否會講得好或者不好。

因此，切記人們總是在你開口說話之前，就已經由你的一舉手一投足，也就是台風，姿勢來判斷你的演說是精采或乏味及有幾成的信賴度，而往往有許多人只注意到發表的內容而忽略了姿勢，形象所給與他人的影響。

試想想，當你第一次站在眾人面前說話的情景，兩腳發軟，兩手時而插入口袋，時而搔腦袋，身體前後搖動……等，在在顯示了內心的不安感。這當然會讓聽者覺得是你「沒有自信」的證據。如此一來，即使用如何精采的內容，也難以引起聽者的信賴，因為內容與姿勢表現得並不一致。

因此，兩腳平均著地、兩手自然下垂或相握於前、兩眼平視前方、腰桿打直，這才是站著說話時的基本姿勢，坐著說話時更要保持自然的坐姿，如此，就整體而言，就可給予聽者一種「相當沈著」的感覺。

在眾人面前講話，即使內心七上八下緊張不已，也希望能保持這種基本的姿勢，使你從外表看起來相當沈著的樣子，如此相信你一定能體會出良好的姿勢，使你說起話來井然有序的心情。

能把握這種姿勢，自然而然地，說話也就有條不紊，因為姿勢的良否，關係著整個情緒的穩定與否。

姿勢是情緒的外在表現，相反的，根據外在姿勢的整合，情緒也能得以調整，其實，不但使自己獲得調整，使聽者也能感受到「這個人相當沈著，一定會有好的表現，也可以信賴」的感覺，這不也適用於除了說話之外的其他場合嗎？

棒球的打擊好手陷入低潮，是因為他的姿勢不好，當他漸入佳境時，他的姿勢也會恢復正常，一個良好的姿勢，可促使身體的力量得以發揮，對於觀賞的人也可收到賞心悅目之效。

一付充滿自信的姿勢，自然地使你說起話來充滿自信。

聲音的質感，掌握聽者的心

說話，也就是語言與聲音的運用，語言是傳達說話的內容或事情，而音調乃表現了說者微妙的情感。

事情正忙得不可開交的時候，突然接到電話，此時的語調也會顯得急促而不耐煩。「正忙的時候，真嚕嗦」。這種語調顯示了說話者的不耐煩情緒，並直接傳達給對方，也就是說，對方以理性來阻擋內容，以情緒來阻擋聲調，因此，急促的語調或是職業性冷淡的語調，容易引起不愉快的情緒。

相反的，明朗的語調可使對方抱以好感，良好的語調可使對方聯想起美好的音樂一般，使對方感到愉快，就好像「音樂是世界共通的語言」一樣，良好的語調具有任誰都能被其掌握的神秘力量，但是，要如何才能表現出良好的語調呢？

1、發音清晰——

好好地張開嘴吧說話，嘴巴張不開而把話含在嘴裡，根本就讓人聽不清楚，將嘴巴稍微張開點說話，就不會有這種情形，這一點可以站在鏡子前面自行練習。

另外，呼吸的方法也應該注意，深深地吸一口氣，在吐氣的同時把話說出來，有一位合唱團的老師曾經告訴我們有關發聲的訣竅。「發聲的方法，有點像在吐痰一樣，吐痰時，往往會先咳一咳，發聲也是一樣，就好像將一口氣往上牙齦衝去即可。」

2、明朗的語調——

明朗的語調是打開心扉的要素之一，在前述電話交談一節裡也曾提到過，也就是「面帶微笑的聲音」。經常面露笑容說話，可使語調變得明朗、輕快。

3、良好的聽的環境——

每天生活在產生大量噪音的場所，為了不使自己的聲音被蓋掉，自然說話的聲音也就會較大聲，另外，在廣播電台上班，自然聲音也會變得更清晰。因為周遭都是發音正確清晰的人，人類是很容易受到周圍環境影響的，因此，儘量聽聽好的音樂與音質較好的人接觸，為自己的耳朵製造良好的聽的環境，而且當自己在說話時，日常生活簡短的對話也儘可能發出音質較好的聲音來。

掌握視線、超越死線

說話時因為害羞，不看著聽者的臉部，而時往下看時往上看天花板的人大有人在，但是，對聽者而言，不看著自己講話表示對自己的不夠尊重吧！不論在何種場合之下，注視聽者的眼神，不必說是相當重要的。

對著廣大群眾說話時，一般而言，總是會因為害羞或緊張而無法直視聽者的視線，這個時候不妨注視聽者的頭部，看著頭部應該不會產生太大的情緒緊張吧！由聽者的角度觀之，就好像在看著自己一樣的感覺，再者，對說者而言，看著聽者的頭部也能了解聽者的反應如何。

也就是說，聽者的頭整齊地向著自己的方向，就表示聽者正專注在聽的證據，聽者的頭前後左右地搖幌時即表示該結束了，因為這表示聽者已經感到厭煩的信號。

習慣於注視頭部之後，接著就要找尋頻頻點頭的聽眾，聽者當中必定有一些善意的聽眾，認為你說得好，說得對時，總會頻頻點頭以示同感，因為這些聽者認為你說得有道理，因此，不妨將視線投向這些人，讓你覺得「有這麼多人同意我的看法」而勇氣油然而生，使說者更容易進行。

當累積一些經驗之後，就得學著掌握每一位聽者的視線，所謂「眼睛是靈魂之窗」，由眼睛可看出此人的情緒動向，確實地掌握聽者的視線，也就能夠明白聽者有沒有聽進去？到底理解沒有？就因為害羞而無法與聽者的視線相結合，則無法知道自己的說話所引起的反應，視線的掌握也可說是聽者理解度的指標。

說話是有生命、活生生的。說者時時在變化，而聽者的情緒也不斷地變化，兩眼只盯著講稿「朗誦」的人，因為只盯著講稿而沒注意到聽者的反應及變化，終使得說話本身不具生命，看著聽者可以掌握聽者不時在轉變的心，如此一來，接下來的措詞也能與聽者的情緒相呼應，也正這樣，我們說「說話」本身是具有生命的。由於視線的掌握，才能使說者突破不讓聽者厭煩的最大難關。

也就是說，將不具生命的說話轉變為活生生的說話，而超越了死線。

如果是近距離的對話，在提到重點時，要注視對方的眼睛，其後者是男性的話，不妨注視其領帶的領結部位即可，從頭到尾始終注視著對方的眼睛，反而讓人有互相充滿敵意的感覺。

也有類似「眼睛也會說話」的說法，依場合之不同，有時候用嘴巴說不如用眼睛來表達的情形也不少，往往觀察對方的視線就能決定說話的取向。

手勢可以吸引聽者的注意

一般人總以為說話時以手勢來強調是多餘的，其實事實並非如此，自然流露出來的手勢，應該多加利用，當希望對方理解時，自然而然地就會產生姿勢或手勢出來。

但是，手勢的運用應以聽者能看到為原則，當你折著手指計算時，經常是只有你看得到，這樣並沒什麼效果，應該向著前方，使聽者都能清楚地看到比較好，與其折著手指頭，不如像英文字的W那樣明確地將手勢伸出來，讓聽者皆能清楚地看到，如此更能增加聽者的印象。

比如體積的大小，也可以用手勢來表示，比方數量或體積的場合，若以手勢來表示的話，不但可使聽者有個具體的概念，也有助於實際的理解，同時也使得「說話」本身更具有立體感，更能引起興趣，也不會使聽者感到索然無味。

一般人對「身體語言」這門學問都比較沒有研究，但是利用手勢、身體的擺動，整個身體來表現時，則可給予說話本身一種立體感及活躍感，對聽者而言則更是一種享受。因為可以將靜態的說話變成動感的說話之故也。

就好像電影比幻燈片更易引起興趣一樣，動的事物總是比靜的事物更容易引起人類的興趣，此乃人類天生所具有的本質。

因此，除了語言之外，若要以表情，身體及手勢等來表現自己，則平常日裡就應培養敏銳的觀察力及感受性。而其中手指也能表現極為細微的感情，若是女性，只要能夠懂得運用手指的秘訣，就足以使對方感到迷人的魅力。

從前，有位俱樂部的女侍問我：「女性抽煙是用右手或是左手？」我就回答說：「女性用左手抽煙比較能顯現其魅力，因為平常用慣了右手，所以右手抽煙顯得動作較混雜吧！若用左手，則動作較緩慢，予人一種優雅的感覺，所以我用左手抽煙。」女性聽完後，直點頭頻頻稱是。有一位影評家曾說：「奧黛莉赫本的左手姿勢非常迷人。」

上述這兩件事似乎是有其共通性存在。

而男性，若是瘦高的體形，應儘量擺出使兩腕張開的姿勢。「您覺得呢？」的同時，將兩手腕稍往外張，看起來比較高壯的感覺。那麼體格魁梧的人不妨將兩手向前伸出，更能顯得時髦的形象。

單以語言不斷的說，不如運用豐富的表情，以手指來表達優雅的感覺，以手勢或身體，時強時弱地表現，更能吸引聽眾的注意力，因此，應該考量自己的體型、身高……等等，以最適合自己的方式來達到最佳的效果。

話語間的停頓，就如同自身的態勢

說話必須帶有停頓，所謂「停頓」，並非單指說者換氣時休息的停止時間。這個停頓是指使說者的話語留下餘韻，為獲得聽者的同意或認同的時間，聽者可利用這段停頓來加以思考，作為對說者之主張的贊同或反對的意思表達。

本來，所謂意思表達，不一定都得經過語言來表示，默默地幫腔，不也是意思表達的一種嗎?雖然由外表看來默默無言，但腦筋卻一直不停地在思索，轉動著。停頓也可以說是使聽者更形緊張的時刻。停頓的功用大概可分為以下三項：

①下說話的餘韻。

②詢求同意，認同。

③使聽者更形緊張。

停頓，也就是聽者加入這個話題的時間，交談，是說者與聽者之間的一種相互作用，因此，善加利用停頓的技巧，可使得彼此的交談獲得最大的效果。我們常看見有些人氣也不喘地喋喋不休，但是沒有停頓的時間，使得聽者無法加入話題，因此聽者成為單向的受話筒而疲憊不堪，交談還沒結束就已經聽不下去了，說者以為自己滔滔不絕，卻因為上述的理由，而往往無法達到預期的效果。真可謂自說蠢話而不自如。

世上任何事物皆有如「明與暗」、「山與谷」、「動與靜」的相對面，因為明亮，使得黑暗部份更鮮明，因為有河谷，使得山勢更高聳，因為有靜的一面，使得動的部份更能引人注目，說話也是一樣，有說話（動）的時間，也有停頓（靜）的部份，因為有「停頓（靜）」的部份，才顯得「說話（動）」的部份更生動。

看看我們周遭的人的談話，即使說話速度快的人，也因為在各個重點利用停頓的方法使得內容更易於了解，因為說話速度即使再快，也可利用停頓的時間加以思考，也有因不慣於說話而顯得說起話來斷斷續續的。說話如行雲流水，不如說話斷斷續續的人更能令人銘感。當然，內容也是要因之一，但是正因為斷續而產生停頓的效果，使聽者能有足夠反應的時間，而能引起聽者的感動，難道不是這樣嗎？

為了製造停頓的時間，就好像會抽煙的人可以利用抽煙來有效地製造停頓的時間，詢問對方「妳意見如何？」的同時，不妨點根煙，自然地形成了停頓的效果。

另外「兩眼凝視」的動作也是是相當重要的，藉著兩眼的注視，可提高停頓的效果，若刻意地製造了停頓的時間，卻將視線遠離聽者，可說一點意義都沒有。

將「停頓」發揮到最高極限，「姿勢、態度」同時也發揮了作用。

移開聽者的視覺、掩護說者的笨拙

當你一開始說話的時候，聽者的視線應該會集中在你臉上，不習慣的人可能因此而緊張得說不出話來，為了避免這種情形，不妨準備一些可以將聽者的視線移開的東西，如圖表、資料等等。

讓聽者的視線移向圖表化的資料集中，總之，首先將聽者注意你的視線移向圖表，如此也可減輕你的心理負擔，就好像變魔術時的障眼法一樣。

運用資料，圖表的目的，並不只是將集中於你的視線移開而已，同時，要使聽者對這些資料產生興趣、好奇，使產生注意力而忽略了你在說話時的一些瑕疵，因此，藉著一些小道具的活用，來吸引聽者的注意力，來掩護本身說話時的一些缺陷。

不光是圖表，平日隨身攜帶的小東西也可以加以利用，經整理之後，大致如表所示，我們可以發現可資利用的道具還真不少。若不能好好利用這些道具，還真有點可惜！

例如，把鑰匙從口袋裡拿出來，然後說：「這是一把鑰匙。沒有它便無法打開大門。同樣地要打開對方的心靈之門，也必須要有鑰匙，那麼，這種鑰匙我們說有三把。現在就讓我們來談一談，首先的第一把是……。」

這樣的動作比起僅僅用嘴說，當然需要會具有說服力的，從口袋取出鑰匙的動作，再將鑰匙展現給聽者的動作，更能使得說話本身具有立體感。

運用這些小道具，不但可以使你緊張的情緒較穩定，也可以使聽者覺得是一個生動活潑的經驗。相信基於這個美好的經驗，可使你的說話、演講獲得好評。

可派上用場的小道具

（平常隨身攜帶的用品）

男性適用	男女適用	女性適用
火柴	梳子	粉盒
打火機	手帕	口紅
香煙	面紙	針、線
煙斗	鑰匙	髮夾
領帶夾	鋼筆	通訊簿
袖釦	原子筆	香水噴器
皮包	記事簿	手提包
………等	備忘錄	………等
	月票	
	錢包	
	眼鏡	
	………等	

第三章

魅力十足的日常會話

掌握人性的情感，使交談的效果更鮮明

「那你就錯了……」、「不行！」、「太落伍了！」、「根本於事無補！」……等等，我們經常以上述的表現方法來否定對方所提的意見或談話，類似這樣的表現方法比說話的內容更加使得對方的自尊心受到打擊。有人曾說：「人類是易於自豪的動物」，任誰都有認為「自己才是對的，我並沒有錯。」的自尊心，而否定的表現卻往往很容易使這種自尊心受到傷害。也因此使得潛在於內心的一種親近感消失殆盡，態度也變得強硬，其後不論你再說什麼，也已經使得對方再也無法接受。

即使你的論調正確，對方也會因此而產生了為反對而反對的心理，以理性的觀點而言，即使對方能夠理解，但由於情緒的作祟而產生反對的心態，這是因為在人際的情感方面已經無法配合之故。

何況，「人類是感情七分、理性三分的動物」，人類的行動與其說是理性，毋寧說是受到感情的支配是一般常情，一開始就表示斷然否定的態度，首先就已經使得彼此的人際關係受到刺激，被拒者會覺得自己的價值整個被否定而勃然大怒的。

這種情況不僅在日常會話中，在會議的場合上更是司空見慣。與其斷然地說：「你的

想法根本就不對！」不如先委婉地表示贊同，再抒明己見要來得好。「原來如此」、「這也不錯」等等，首先先贊同對方的立場，意思和想法，再表示自己的意見比較好。

要駕御一個人也是一樣，一開始就否定他的能力，又怎能叫得動他呢？應該先肯定他的能力，才有可能使得動的。

或者先自我低貶一番，來突顯對方的能力，也許更具有說服力吧！因為你已經讓對方的優越感獲得某種程度的滿足了。像女孩子比較喜歡由自己的好惡感而使用「你好討厭」、「我不喜歡」等等否定的字眼，這些往往也會使得對方感到震驚。

例如，男職員想邀請女職員一起喝個咖啡。「陳小姐，有空一起喝杯咖啡好嗎？」「不要啦！我很忙！」

像這樣好意的邀請，竟得到「不要」的回報，就好像拿根針刺進那個男孩子的胸膛一樣，即使補充了「我很忙」的理由，但還是使對方的自尊心多少受到傷害，如果能夠比較婉轉地回答：「謝謝，但是今天比較忙，還是等改天吧！」相信對方也不會生氣的。

掌握對方的情緒，在尊重對方的原則下，相信會使得彼此的交談更融洽，也更能達到預期的效果，因此就必須從本身是否經常誤用了斷然的否定表現，或者是措辭的適當與否來自我檢討。

掌握情緒乃成功的開始

如果光講道理，即使說得如何地好，恐怕也難以打動人心吧！

相反的，只要是自己喜歡的人，不管是說得好不好，總是比較容易聽得進去，人類具有理性的一面，同時也具有非常不理性的一面，特別是我們的行為，在具有理性的同時，大部份也被自己的好惡所支配著。

「我知道他在說什麼，但只要是他說的，我一定拒絕！」、「好啦！你說什麼，我都照辦。」等等各式各樣，依個人好惡而有各種不同的情形，前者是因為對說者不具好感，而後者是對說者抱著極度的好感所致，人們對於自己喜歡的人所說的話總是能欣然接受，而對於不喜歡的人所說的話老是聽不進去，人，真是感情的動物。

因此，要想讓對方聽你的話，與其讓他理解，不如先想辦法獲得對方的好感似乎是第一考慮的要件。因此，再次將說話的功能與目標的對照表提出來看看。

以工作場所而言，表中的「報告」、「連絡」顯得較頻繁，是必須以「指示」、「傳達」、「命令」、「說服」來貫徹政策時的連續。

因為在繁忙的工作場所裡，難免有偶爾說漏掉的地方，為了彌補此項缺失，使得意思

功　能	目　的	技　巧
感情交流	建立、加深人際關係	問候、交談等
情報提供	週知、轉告使了解	報告、連絡、回答 提案、意見反應等
意見溝通	促進相互的了解 使產生行為	指示、傳達、命令 說服、訓告、 戒告等

能夠順暢地疏通，就得看平日的人際關係了，若有良好的人際關係，則彼此就會互相體諒，偶爾表達不夠充分或是漏掉了，大概是因為工作太忙了，並沒有什麼惡意，平常與人好感，往往有助於在表達上的效果。因此，依循理智倒不如先掌握對方的情緒。

所以，面帶笑容、明朗的交談，是打開對方心靈的基本，面帶微笑，是讓對方覺得你不帶著任何敵意的表現方法。一般而言，我們對於面帶笑容的人比較不具警戒心。

另外，任何人都會對爽朗的話語抱持好感吧！就好像連日的陰雨之後，人們總是期待高照的艷陽一般，這大概也是人性喜好開朗的本能吧！例如，即使不懂音樂，但只要聽到莫札特優美明快的音樂，總覺得具有一股扣人心弦的魅力，明朗的笑顏及話語，就好像莫札特的音樂一樣，是感動聽者的情緒，使聽者抱持好感的要素。

呼吸平順、說話也順暢

人類不能片刻停止呼吸，說話時，也就是是呼氣的同時把語音發出來，因此，呼吸紊亂就無法說話，就好像氣喘如牛時，無法順暢的說話是一樣的。

這種情況不只限於劇烈運動後，平常說話時也是一樣，在眾人面前說話時，一緊張則首先心跳加速，呼吸顯得不正常，如此則無法鎮定下來好好說話而導致失敗的結果之情形比較多，這種情形就不是像上述發聲的原理那麼單純，人類乃藉呼吸將氧氣吸入，將二氧化碳排出以維持生命的生物，一旦想說話而導致呼吸紊亂時，氧氣的吸入量將減少，頭腦的運轉將顯得遲緩，也許是這個緣故吧！

也因此有很多人說「只覺得一時之間腦袋空空、不曉得在說些什麼？」其實，我想這是因為在這個瞬間，氧氣的供給停滯，腦部的機能暫時性的停止而呈痴呆狀態之故吧！

所以，不能說出預先想要說的話，而盡說些與事無關的話語，而許多人常常會在事後發覺到不曉得為什麼?當時怎麼會說成這麼語無倫次，我想大概是基於上述的狀況。

根據字典的解釋，「呼吸」就等於是「氣」。因此「調整呼吸」就是「使氣平順」。呼吸不正常也可說是暫時性的病態，如果這麼想的話，就可以理解，為什麼在緊張的時候會產生不可理解的無意識的行為了。

「調整呼吸」就不是那麼單純的問題了，像印度的瑜伽術不是也非常重視呼吸的方法嗎？那麼讓我們來看看，實際在說話的時候，該怎麼做比較好呢？說話的時候，大概是依循著下列的順序進行著：

緊張→呼吸紊亂→腦部機能遲緩→語無倫次

因此，藉由呼吸的調整，可使上述的狀況趨於正常，說話前使整個身體的力量，肌肉放鬆，靜靜地作個深呼吸，吐氣時不妨稍加用力地吐出來，如此就比較容易沈著，這種情形就好像故意在製造出笑的狀態一樣，因為哈哈大笑時，是用力將氣吐出來的，笑具有紓解全身緊張之作用，如此則呼吸得以調整，腦部的機能得以流暢地運轉，經過整理的文辭也能夠順利地表達出來。

所以，要事先自我訓練、自我控制，使自己不論在任何狀況都能自然而然地達到這種境界。

話題豐富的人會因為製造話題而備受矚目

「只要跟那個人交談，就會因為高興而幾乎忘了時間的進行。」

能夠使周遭的人這樣稱讚，想必是個話題豐富的人吧。從高爾夫球談起，到運動的歷史，釣魚的樂趣到海的故事，直到外國的風花雪月等，真不曉得該如何來結束它，當然，話題少的人是無法辦到的。更何況只專注於一項興趣的人就更無法了解其中的樂趣了，因為這是一種精於各種雜學的樂趣，藉由會話，如同散步於知的領域裡的一種樂趣。

就好像平常走在街上，看到櫥窗裡有奇珍異寶，總會佇足觀賞一番，一會兒走一走，又停在別的櫥窗前觀賞其他的東西一樣。

那種樂趣就好像逛街時只逛不買的樂趣是共通的，逛街的樂趣在於你可以在自己喜歡看的櫥窗前，愛站多久就站多久，而會話也是一樣，可以在你喜歡的話題裡愛停多久就停多久，直到停夠了，再往下一個話題談下去，這就是會話的樂趣，會話是為了使說話本身充滿樂趣，而其結果可使雙方的人際關係更形深厚。

會話中發生「脫線」的情形，其實也是一種樂趣，在眾人面前說話的情況下，往往會有事先的主要話題之限制，所以是不能脫線的。但是在日常生活的交談中，並沒有這樣的限制，話題是一個接一個地發展下去，結果一直進展到與原先的話題毫不相關的話題去了，在日常的會話中往往會有這種經驗，這就是一種樂趣，所以說「脫線也是一種樂趣」。

話題豐富的人也表示是個有旺盛好奇心的人，往往對於任何事情都抱著許多疑問，有種打破沙鍋問到底的個性，因此而知人之所不知，聽他說話也是充滿樂趣，看報紙，連別人不常看的小專欄他也看，聽他說的時候，往往你會發覺他所說的這件事，好像曾經在哪看到過，其實，你也跟他看了同一份報紙，只是你沒有注意到罷了。

通常的人，他們的對話大概像下面的例子一樣。

「喂！你知道嗎？其實是……的。」

「啊，知道，我在今天的晨報上看過了。」

一般的人大概只進行到這個程度就把彼此的會話結束了！但是一個話題豐富的人，卻往往會有不一樣的情報，在資訊高度發展的今天，只要想獲得情報，那任何情報應該都可以到手的。縱然如此，各情報還是有些許的差異發生，是因為收集的方法不好之故。

如果常人不看的地方也能稍加注意，保持赤子的好奇心，則自然而然地就能收集到各方的情報，也就是說，運用視、聽、觸、味、嗅等五感來取材。則話題豐富，且你的談話將會更有趣，也將會受到周遭的矚目，因為你是個「製造話題的人」。

適當的引話，使對話更起勁

不會說話的人總是為了不曉得該說什麼而大傷腦筋，如果在眾人面前針對某個主題的情形下，當然得事先考慮應該談些什麼內容，但是在一般的對話裡，與其考量要說些什麼好呢？不如考慮如何引起對方發問要來得好，對方對於什麼事情比較關心，又最在行的是什麼？然後以此為焦點使對方產生興趣或發問，使對方感到滿足，這個時候，最具效用的就是「引話」。

引話雖然是由幾個簡短的字所構成，對於交談而言，卻具有生殺之大權，只要明瞭引語的用法，就能夠自由自在地使對方的交談繼續或停止。

讓我們來看看下面這段對話，先說者希望聽者知道他所遇到的事情。

「昨天真是倒了大霉，下著大雨又跑到山上去真是給搞慘了……」

「你啊，下著大雨原本就不該到山上去的嗎！真是活該。」

像這樣，好像把對方想一吐為快的心情給澆了冷水似的，就好像正要推門而入，反而讓門給撞了出來似的。不受歡迎的人，不懂得營造人際關係的人，往往有使用這種否定式引語的傾向，對於自己所詳知的事情，或是專攻的業務之場合，若經常使用這種否定式引語，將會使對方的談話折了腰似的。如此不但談話無法繼續下去，經過數次之後，可能往後別人也不會找你談話了。若相同的情況下使用不同類型的引語，又將如何呢？

「昨天真是倒霉，下著大雨又跑到山上去，真是給搞慘了……。」

「嗯！然後呢？」

「我就衝進小木屋裡。連小木屋裡也擠得滿滿的呢！」

「那後來呢？」

「結果連內衣都被淋得濕透了……。」

像這樣，好像有繼續不完的話似的，聽者只不過用了極簡單的幾個引語，就能使說者滔滔不絕地繼續下去。這就是「引出式」的或是「誘導型」的引語。「然後呢？」「接下來呢？」「結果呢？」等等也具有同樣的意味。其他還有下列各式的引語。

表同感的引語……原來如此；我說嘛，我也這麼認為；果然如此。

表同情的引語……真糟了，辛苦你了，很難受吧！

表高興的引語……很高興吧！很好玩吧！

這些只是舉例而已，仔細想想，我們經常在無意識中使用了各式各樣的引語，往後我們應該注意到引語的區別用法，充滿感情的引語，必會使彼此的交談更多彩多姿的。

幽默是現代人的修養、由寬敞的心胸產生的

若要問高尚的說話術是什麼?不妨說是具有幽默感的說話術吧!幽默的會話才能掌握、緩和聽者的情緒，引起聽者的注意，在一般的工作場合裡，具有幽默感的說者能使得周圍人的心情鬆懈、情緒緩和。

幽默就是對於對方的一種體貼，使對方感覺溫暖。因為幽默是由寬敞的心胸所產生出來的。死板板、心胸狹窄是無法產生幽默感的。

另外，有一點不能誤解的就是，幽默並非只是單純的引人發噱而已，許多人錯以為幽默就是引人發噱而說些不入流的笑話，那並不是幽默，而且會予人不良的餘味。

幽默必須是高級的，因此不能沒有良好的教養，有許多人雖然具有極高的學歷，但是卻沒有良好的修養，老是炫耀自己具有高學歷的人就是沒有教養的明證，標榜自己知識豐富的人也是一樣，有教養的人，常懷一顆體貼別人的好心腸。

因此，一個表達能力良好的人，可以說必須滿足下列的條件：

了解聽者的心。

說話前保持純真的心靈。

運用易於理解的型徵。

具備豐富的學養。

掌握說話的時機。

說話時，經常注意這幾點，想必會使你的表達能力更上一層樓，人們老是無法常懷寬敞的心胸，而儘說些尖酸刻薄的話，我們應該培養寬擴的心胸，使我們表現於外的言行常懷體貼之心，使言語的表達更具幽默感。

格調高尚的措辭、交談、使你魅力倍增

外表姣好，以為是個高雅的女性，但一經交談之後，才發覺既沒知識又沒教養，這種情況應該不少吧！當然男性也有這種情形，有些男性，雖然穿著鮮亮的西裝，叼著洋煙，亮著名牌打火機，但是一旦交談兩句之後，卻令人覺得粗野、討厭，即使外表可以偽裝，但內心卻是無法偽裝的。

人的魅力也就是說話的魅力，從說話當中才能了解此人的真面目，越說越覺得魅力十足，才是個真正有魅力的人。

一個措辭不雅的美女，總讓人覺得非常掃興的，顏面可以化妝來美化，但用辭無法化妝，因此馬上就露出馬腳。適當的用辭與否往往可表現出談話之格調的高低。也就是說選擇什麼樣的措辭，就能知這個人的本性如何。選擇高雅的詞句，必然也會展現出優雅的動作來，也因此而使你的魅力倍增，這種情形在男性而言也是一樣的。

藉著使用的措辭不同，所表現出來的也是不一樣的「人」。心裡想著，要使用適當的措辭，談話要有格調，自然地你的行為舉止也會變得更有格調，老是說粗話，當然本性也會變得粗野。日常所使用的詞句，往往是可以改造一個人的本性的。

第四章

打動人心的說話術

問候、寒暄是啟開心扉，打動人心之鑰

提到寒暄，一般人總以為是類似「早安」、「晚安」等等日常社交的寒暄或者是逢年過節、婚喪喜慶等形式上的禮尚往來吧！

當然，並不是說這些都不重要，而是處在現代的社會，幾乎已經忘了它們的存在，或者說已經不再受到重視了。

也因此而使得許多人頗有懷才不遇，受到上司冷落而永無陞遷之慨嘆，或者是得不到同事或部屬的支持，而業務進行不順暢等等，相信這種情形並不在少數吧！

任何人都應該練習大聲地打招呼寒暄，簡單卻非常重要，有些人因為不好意思而說不出口，偶爾大聲地打個招呼，卻往往使得周圍的人驚目四望，雖然難免惹來旁人的挖苦，但還是應該不斷地持續下去，久而久之，旁人對你的看法會漸漸改觀，對你也會產生較積極的評價。

一個善於領導統御的人，往往能夠很巧妙地運用下列各項問候語。

1、謝罪用語——對不起、不好意思、真抱歉。

2、慰勞用語——辛苦了、麻煩你了。

3、同情用語——百忙之中……、勞您駕……。
4、請託用語——請、拜託、如果方便的話。
5、謝禮用語——謝謝。
6、關心用語——近來好嗎？如何呢？
7、讚賞用語——幹得好，你真行。

右列各用語也可單獨地使用若與日常的寒暄用語配合使用的話，更能達到奇佳的效果，但是，只是記在腦子裡不用，是無法發揮效果的。必須經常掛在嘴邊練習，無論碰到誰都能很順口地說出來才行。

運用不當反而弄巧成拙

俗云：「一種米養百樣人」。也就是說，在這個世界上找不出一個跟你完全相同的人，不管是容貌也好，體格也好，不可能完全一樣，因此，即使是聽到相同的詞句，看到相同的事情，人們也會因為各人獨有的感受力、不同的觀點而產生不同的行為或行動，即使是單卵性雙胞胎也不例外。

另外，即使是同一個人久對你打著同樣的招呼或交談，也有可能因為時間、地點的不同而使你產生不同的反應，人的心思是多變的，一刻也不曾停止過的，因此寒暄問候也好、交談也好，如果不下點工夫，如果不能適應對方當時的心思或場合的話，是很難達成預定的目標。如果運用不當就可能會弄巧成拙。

人類的心理反應是複雜的，但在心理學、行動科學、社會學的領域裡將這些複雜的心理反應加以分類，根據這些學理將組織內的成員分為以下幾個類型。

1、服從型

（a）依賴型——缺之主見、沒有命令或指示就不會動作……這一類型的人只要依著平日的寒暄、問候的方法即可。

（b）算計型——以自己的利益為中心來決定服從與否……這種類型的人，就以使他覺得將來會有所得的寒暄法即可，前述21項的2、3比較適用。

（c）倫理道德型——以責任感、忠誠心來行動，獻身於工作……這種類型，對他越表示尊重、越有效果。

2、民主型——視情況而決定處理的方針……此型可以1的（c）來對應。

3、獨立獨步型——以科學家、化學家、藝術家、技術者居多……此型以前述21項的2及7較有效。

4、自閉型——疏遠旁人，有自閉傾向的人……以21項之2及5為中心，以對方所認同的表現，持續不斷地接近。

5、權威強迫型——具有瞞上欺下的獨裁者傾向，其實以小心腸小者居多……以前述21項的1、4及6為中心，長期間持之以恆來對應的話，經常會有意想不到的效果。

6、人際志向型——經常將公司或業務排在其次，以自己的私事為優先考慮，非常在意旁人對他的看法……這類型應採取1的（a）、（b）為對應法。

由回禮、回答看出你對對方的感受

當你的上司在呼喚你的名字時，應該可以從呼叫的方式及聲調中看出當時你的上司的情緒吧！或者是，當你心情不好時，是否也曾經以不禮貌、沒好氣的聲調或用詞來呼叫你的同事或部屬呢？或者是曾經因為受到這種禮遇而生氣呢？人是脆弱容易受到傷害的，同時也易於將這種情緒傳染給別人。

現今的社會，只要是說真話就能好好過一輩子的話，那還好，問題是，這樣的過日子反而成為紛爭、煩惱的根本，俗云：「惡意的真實不如善意的欺騙」，往往在許多的場合中，不說實話還比較好。

事實上，在一個講求組織與近鄰交往的社會中，儘說些真話或只講些自己想說的話，是無法達到彼此協調的關係的。

當人們有意說謊、作假或不得不附和對方時，只要不是騙子，那麼這種自我壓抑的反抗力就會從用詞、表情或身體行為的某一部份表現出來。

也就是說，當人們在回答及答禮時的心情，例如，感覺不舒服、情緒緊張、情緒不好，對於所聽到的事無可奈何，或者違背自己的本意回答時，就會有如下的徵兆產生：

1、用詞的語調變得比較輕——「是、是、是」等重複的回答或者特別是語尾較輕、語調較高，或是較粗野的語氣，或表現得不很重視。

2、用詞怪異——不是一般的說法或順序相反等等。

3、表現在臉上——臉頰抽動、嘴唇歪斜、眼睛看著下方、不停地眨眼、眼睛發直，眼睛看著別的地方。

4、表現於身體或四肢——坐立不安又一副目中無人的態度，膝蓋或指尖規律地動著，指尖不停地在桌上來回敲動著。胡亂地玩弄著物品或摸摸衣服、頭髮等等。

這些個徵候、時而瞬間地，時而斷續地，又時而保持較長的時間狀況，只要稍加注意，略微深入的觀察就不難發覺。

同時藉由這種變化的狀態，也可以洞察出對方心情的變化，配合著上述的徵兆，洞察出其言外之意，再配合交談的進行，將會使得交談更能達到效果，再重複著上述的方法時，對於對方的感受性也隨之更敏銳，更易於提高交談的效果。

不順其意的說明是無法成功的

即使一個被認為是毫無感情的人，其實也經常會為了內心理智與感情的交戰而呈現出冷靜的一面，人心的轉變不但複雜且一刻不曾停止，更無法臆測，這種心理的結構、機器的結構作一比較的話，就有如A圖及B圖所示。

B圖的二重實線內，是『阿基理斯研究』裡的一段，其意思是「人類是『住在只有自己存在的世界（稱為自己的世界）裡』，透過自己專用的有色眼鏡看著整個世界」。同一圖的關係欄是指與你有關係，可能影響你言行，舉動的人，以及你的環境及狀況，這個關係欄是指所有可能左右你的想法或行動的一切事務。

從此圖內的理性、知性、感性欄所顯出的箭頭表示該欄可以影響的項目（如知性欄可以影響理性欄）、而虛線表示可以壓制箭頭所指的項目（如知性欄可壓制感性欄）。而由虛線變成實線表示可壓制箭頭所指的項目，如冷靜的態度、發怒、哭泣、或者類似「理解歸理解，但就是沒有心情去做」等等行為的表現。

另外，當個人的好惡感遠超過理性、知性的判斷時，則彼此的溝通將可能會有完全不同的現象產生，特別是在解釋的情況下，聽者會因為對說者感到厭惡而完全拒絕說者的解

A圖

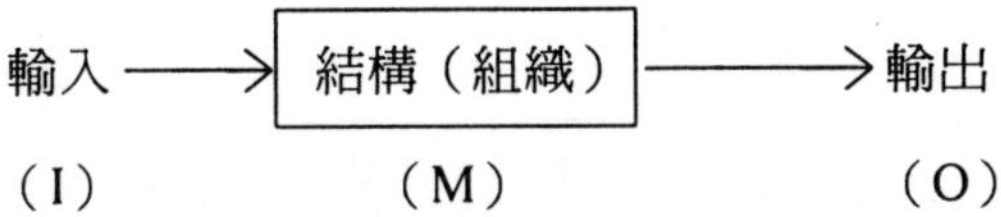

B圖

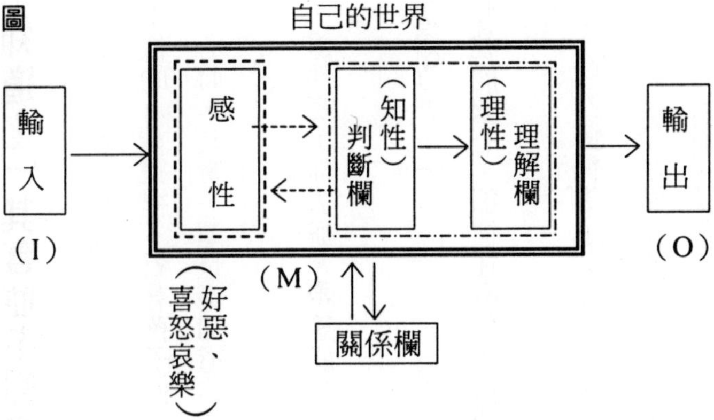

釋或說明，相反的，若聽者對說者抱有極度的好感，則不論說者在說明什麼，都會令聽者完全地接受。

因此，經常使對方生氣或在言行上使對方感到厭惡的話，任何的解釋或說明，可能都無法達到預期的效果的（理解欄與判斷欄將會在另外的項別裡說明）。

「知道！知道！」其實並不知道

中國人有云：「輕諾無真言」，也就是說，輕易地回答：「是，是，我知道了」，其實往往是靠不住的，在家裡，對著孩子們說明某些事情，當聽到孩子們回答：嗯，我知道了，而頗感安心時，其實，還是不知道的情況比較多，在個人的工作場所裡不也是一樣的嗎？

「某某，這件交由你去辦，希望能在三點前完成，你就照……的方法去辦，要注意啊！」

「是，我知道了。」

以為如此就能放心，卻往往發生與預期不相同的結果或是沒有按照指示的方法去做的情形比較多。

「這怎麼行呢？根本沒有按照我說的去做嘛！」

「是課長沒說清楚才做錯的嘛！」

像這樣，遭到部屬反駁而為之氣結的管理者，應該不在少數吧。

人，再怎麼樣地互相理解，都無法進入到他人的內心世界，即使是現代的心理學，催眠術也是無法辦到的，有位哲學家常說：「語言所給予我們的並不是感情的傳達。」這是指人的內心或感情是無法正確的傳達之意，此外，人們常將不清楚的事情或不懂的詞句，不明瞭的現象等等，以自己的觀點、概念、知識或以自己僅知的字眼，以自己的立場來加以任意地解釋，以自己為中心來理解，最常見的例子就是在電話中將對方的名字拼錯，也因此而造成誤解或曲解，有時還成為不理解或紛爭的原因呢！

我們必須要知道，使他人了解也並非一件難事，例如旁人向你問路時，你要有自信使你的說明能夠讓問路者安心地抵達目的地即可，若業務的處理有一定的程序，則只要有自信，若照著規定的程序去辦，一定可以辦好，這樣就足夠了，對於眼睛所看不到的一些思想上的問題，如「誠」「愛」「宗教」等觀念上的問題，只要對方抱著無條件相信的話，不妨就當他是「了解」了，因為，這些情形沒有使其能夠客觀地了解的條件。因為沒有辦法找到較客觀的證明之故。

另外，感覺器官的感受也是無法明確地傳達對方的，這也是當聽者有個大概的認知之後，完全靠聽者本身的檢查之外是沒有其他辦法的。

若憑藉著彼此之間的親密關係，或長時間的上司、同事、部屬的關係，而忽略了使彼此更能進一步了解的這種努力的話，久而久之，將會造成彼此之間的疏離感。

欲使對方了解時，必須有其步驟

如果聽者都具有「聞一知十」的智慧，那麼說話本身倒是一件輕鬆的事，而事實上，你不妨將聽者當成「聞十知一」的心情來說話要來得妥當，因為，要使對方如你預期的理解並不簡單。另外，在聽者以為你會說一些他想知道的事情，不明瞭的部份，或是一些重點，而你卻老是說些無關緊要，甚至於老是在相同的內容上不斷的重複，這當然會讓聽者覺得受不了，因此，為了有效地使對方了解，還是要有方法與程序的。

1、了解對方——孫子兵法云：「知己知彼，百戰百勝」，平常就能事先了解對方的性格或類型，往往是提高效果的要因之一。對方的理解力如何？對於這些事情知道的程度如何？經驗如何？勞力、智能、知識、技術的生、熟、出身何處？親族、宗教、思想等有關判斷欄或理解欄的範圍，以及影響對方行動的關係欄（心理學上稱此三欄為關係期）等等，若能事先掌握這些情報，將有助於使對方了解。

2、對於欲使對方知道的事情必須充分理解——人無法向他人解釋超出自己所了解的範圍以外的事情。例如，優秀的打擊手未必就是出色的教練或經理，藝術家也未必是個好老師，因為，自己的經驗或觀念無法很客觀地掌握，無法明確地有個概念之故，因此，所謂「充分地了解」是指能將所說的內容有概念地、有條理地整理出來之謂。

3、了解對方不明白的地方或是欲使其了解的範圍——例如向旁人指明路途時，不妨先問：你知道某某車站的附近嗎？如果知道的話，再以此為基礎點繼續說明下去。

4、由簡而繁——若對方是個初學者，就用簡單的地方開始教起，就聽者而言，初次說明一件事情，就好像在教一位初學者一樣。

5、依情況先標出其基準點——例如「背對著車站往前看，可以看到某銀行，再順著那條路往前走約一百米，然後……。」

6、利用對比、近似、類似、對照的手法——報紙上刊登子彈的照片與重要的新聞排列在一起就是一種「對比」。以兩掌合併來說明推土機的功能就是「近似」。紙張的白與雪或砂糖的白就是「類似」。白與黑就是「對照」。

7、一次說明一件事——依順序說明。

8、確認理解的程度再往下進行——依回答的方式就可了解其理解之程度如何，再決定是否繼續往下進行，在業務的程序或作法的情況下，先確認其業務的進行程度，必要時給予助言或提醒注意。

9、具體的說明——活用實例、寓言、比喻、證據、證明。

10、訴諸視覺、聽覺、觸覺。

不確實的報告或連絡會導致誤判

在高度的經濟成長下，導致企業破產的原因之一是因為營業員的零庫存報告，致使新製品提前販賣，使舊產品大量回籠，致使資金積壓過多，而跳票和週轉不靈終致企業的破產，企業的成長或破產與成長度的高低並無關係，而造成上述情況的原因之一就是情報活動，尤其是報告或連絡管道的好與壞，我想這是一項不可否認的事實，企業的經營方針取決於情報的研判，對於各部課長、管理職員也是一樣的，因此，為求得正確的判斷，那麼在報告及連絡方面就必須具備下列的條件。

1、報告、連絡的範圍－聽者想知道的情報，若以前例而言，在庫調查的範圍是包括總經銷?代理店?還是小盤販賣商呢?報告、連絡過於煩瑣或過於籠統，均會使得決策產生誤判的情形。

2、由結果（結論）談起二項以上的情況下應區分清楚並各別說明。

3、把握時效。

4、經過、理由應簡單扼要地說明，必要時以中間報告說明。

5、注意下列兩點：

（a）二項以上的報告，連絡應考慮其公利之別、輕重緩急再依順序報告。

（b）事實與解釋（推測）加以區別。例如「這件襯衫從這個角度看**比較接近黑色的**。」「**我想他在生氣**」「**我認為這種酒的味道不錯**」。**黑體字**部份是推測，比較接近個人主觀的。也就是說，將個人主觀的觀念與可由客觀的條件證明的事情加以區別。

6、依聽者之別，使用專門用語（限於該業務場所通用）。

7、必要時，提出基準或公定標準，例如，拿一長狀物必說明「是這個的三倍」或「○○公尺的距離」等等。

如果報告，連絡者無法達到滿足右列條件時——

①其由結論談起，並一直聽完整個報告。

②不要被用詞上的先入觀所惑，必要時，可就事實及意思提出質問。

③報告途中或結束後，不要針對內容表現出喜怒哀樂情緒。

④再次確認結論或要點。

⑤自行確認疑問點是否再調查。

⑥勿因報告者的先入觀而導致誤判。

人，都希望被重視

美國的心理學家A・H・馬思羅，在『人性的心理學』著書裡，將人類的欲求分為五個階段。

所謂五個階段是說，人類由滿足較低層次的欲求，到滿足較高層次的欲求的過程，其層次可分為五個階段之謂。

1、生理的欲求（生存欲求）——生存必要的欲求，以飲食睡眠為中心，以生存、飽食為目標而生活的人，在過去是很多的，但現在的年輕人往往已經超乎了我們所不能想像的時代。

2、對安全及安定的欲求（安定欲求）——現代人的生活已經進入到高文明，高安定的時代，但也發生許多懼於失去目前這種安定的不安精神症，包括對於不習慣或新的事物的不安而產生的逃避心理。

3、歸屬及愛的欲求（親和欲求）——希望得到朋友們及社會的認同，愛與被愛的欲求乃形成同事愛、同胞愛的原因之一。

4、承認的欲求（自尊欲求）——諸如希望在地位、財產、知識、技能方面比他人強，被他人所關心，希望獲得極高尚的名聲或評價，自由，獨立的存在，希望獲得他人的理解等等欲求。

5、自我實現的欲求——希望實現自我的潛力。自我實現是說面對現實，不逃避現實，以自己的努力及責任來面對現實，不必犧牲他人來完成自己的目的或目標的欲求。

現代的人都想那時的，同時地來滿足這種階段性的欲求。但是，大部份的人都因為不明白這些階段性的欲求所指為何？又在何處？如何才能獲得滿足而感到苦惱。

因此，只要說者能使聽者了解在何處，怎麼做就能獲得這種欲求上的滿足的話，則聽者就比較容易接受說者的驅使，然而說者往往忽略了聽者的個性、類型、心情的變化及說話的目的或內容，只一味要求聽者單方面的接受，因此而造成無謂的爭吵，甚至於訴諸武力來解決。

這是因為某些不能放在嘴裡說的也由口中說出，而傷害了對方的自我之故，人類本來就有一種凡事不希望被勉強、被強迫的本質，尤其以帶有攻擊性的惡言相同時，當然會使得對方的自尊情緒受到傷害。

方法運用得當，任誰都樂於服從

在一個組織裡，指揮別人的方法有：號令、命令、指令、指示、戒告、警告、訓戒、指導、訓導、說服、商量、協調、會議等，對聽者而言，號令，命令的強制力量強烈，右述指示以下的項目依序排列，其強制力也越來越薄弱，以聽者而言，其答應與否的自由就越大。但是，會議或協調所決定的事項是一種團體的約束力，對於所有的參加人員均能發揮效用。號令是依發令者與受令者之間的文書或口頭上的約定，或發令者事前的請託，受令者的服從心而發揮效力。

依賴型及倫理道德型的人，除非有重大的理由，否則對於號令、命令、指令，指示較有服從性，其他類型的人將會視當時的狀況，情勢，例如這件工作非我莫屬，如果由我來做將可化解公司所面臨的危機等情況下，這些還是會有積極的行動，或者認為這件工作適合我，或完成這件工作可以滿足我的成就感、榮譽心，或者認為這件工作可以使我步步高升，或額外的收入時，當然他會欣然且愉快地服從的。

當聽者違反了說者的意願或違抗命令，指示的行為發生時，說者可利用以下的方法，使聽者打消違抗之意，而自動自發地接受命令。

1、聽取聽者的意見——任誰都會認為自己的行為是合理的、理性的，且都有自尊心。即使這種行為是基於誤解而產生的，聽者也會以為自己的理由才是正確的，因此，不妨聽取聽者的意見，再來修正說者的說話內容或進行的方式。往往是聽者自己發現是自己的錯誤而自行改正的情形也不在少數。

2、選擇場所及時間——依所談的事情及對方的類型（尤其是叛逆心理特別強的人）選擇沒有第三者的場所，如接待室、咖啡廳等等。另外時機的選擇也是必要的。

3、說明手段、方法或結果——拒絕的理由是因為對於所採取的手段、方法或結果、利益等產生誤解或不明瞭時，應加以說明。

4、提提對方的優點——為了消除聽者的警戒心，不妨從對方的長處或優點談起。

5、一起商量，使對方提出意見——「一起來想想看吧！」「關於這一點，你有什麼高見？」等等，引誘對方提出自己的看法。對方的看法往往都能合於說服者的意圖。

6、暗示——「我認為……比較好，你說呢？」「這麼作對你比較有利，你認為呢？」用這樣的暗示來引出對方的自發意識。

7、活用對方的重要感——就是說加強對方備受重視、非對方莫屬的感覺。

8、不用使用懲戒對方的口氣——強制、提出申誡的用詞，反而煽動對方的叛逆心理，只會使對方陽奉陰違。

一次不成、二次、三次，推不動就拉看看

在日本鎌倉的圓覺寺，參拜者只要付十元，就可以試著去敲一只吊鐘，曾有人這樣問過裡面的和尚，「可以用手指來敲這個鐘嗎？」「大概敲不動吧！不過你不妨試試看」。

的確，鐘連動都不動，但是收回的指頭上可以感應出即將要動的感覺，因此，再將手指反覆不停地推，拉時、吊鐘的擺幅也就越來越大，甚至吊鐘堂的樑柱也經不住地嘎吱嘎吱地響。

人，有時候就像這個吊鐘一樣，曾經聽過一位刑警說：貪污的人犯就是這樣，例如，施賄者先招待受賄者到咖啡廳去，事情談完後，再給予少數的車資，原本將其辭退的受賄者也因為數額不多而接受了。

就這樣經過二、三回之後，接著就是地下酒家、夜總會等等，場所也好，車資也好，也隨之水漲船高，逢年過節當然收到的禮就越來越理所當然，受賄者終致於不以為恥而演變成更重大的貪污瀆職了，這也就是刺激遞減的法則，也可稱為心的慣性。

簡單的說，就是將這種法則運用到聽者的身上，當聽者違反你的指示時，不妨當作可能有你不瞭解的原因所導致的，不必太在意，但是因此而作罷，只有前功盡棄，徒嘆奈何

，因此千萬不能氣餒，人，如果因此而氣餒的話，那更遑論其他的？就好像有句諺語說：「已經將馬牽到河邊了，但就是無法叫牠喝水。」是一樣的。

其實，這匹馬可以因你手段的不同而使牠喝水。例口，拿塊鹽巴讓牠吃，或者騎馬快跑使牠流汗，口渴了，牠自然就會喝水，人，就好像前面吊鐘的情形是一樣，要不停地遊說，視時間及狀況的變化，努力漸次於改變對方的意念，一個人要改變自己的習慣或觀念時，在他人看來也許是一件容易的事，但就其本人而言，往往是必須經過極大的努力。

運用了這麼多的方法，而對方仍然不為所動的話，還有一個方法，就是拜託一些與對方有深厚關係或對方所尊敬的人出面幫忙，如果還是不行，不妨表現出一副不理睬對方的行為，促使對方自我檢討，有時也會有效的。

但是太過於疏遠，往往會適得其反，這時候，你不妨說「啊！對了，上次有件事忘了告訴你……」來引起對方的興趣，再慢慢導入正事。

其實，只要能讓聽者爽快地答應的話，說什麼都行。然後不斷地重複運用，使聽者習慣於答應，儘可能從簡單的，易於接受的事做起，培養對方的一種心的慣性作用，如此久而久之，對方就比較能夠按照你的意思或指示去服從，像這樣即使一次難以說服的人，經過你不斷的努力，有感於你的熱心與誠意，相信對方也會爽快地答應你的要求。

向上司反應意見是一種義務

在上司的眼裡，部屬大概可分為四種型。

1、代理、代行型——具領導能力，可依上司的指示指揮、統率部屬，時而代理上司執行上司的業務，另外依情況具意見上達的能力，有能力代理上司、並具有下列三項的能力，是個理想的典型。

2、計劃型——無法領導，統御，但具有策畫的能力輔佐上司。

3、事務管理——分擔上司的事務，輔佐上司。

4、副官型——只注意上司的周遭，具有服侍的能力，並促使下情能上達，以輔佐上司。

右列四種類型，哪一種是上司最欣賞的呢？當然是代理，代行這一類型的部屬了，不管擔任何種職務，身為部屬，並非只在完成上司所交辦的命令或指示而已。

例如，生產線上的裝配員、自動化工廠中央控制室的勤務或夜警、守衛、清潔工等等，相信都會有必要改善的地方，像這些個職務，往往有必要向上司表達意見的地方，對於上司不正確的意見或指示時，也有向上司反應的義務，不管任何上司，總會有其缺點或盲點，由於這些缺點或盲點導致錯誤的決定者，並不是沒有，再說誰也不敢保證上司的計畫或想法一定是正確的。

一個企業的盛衰，往往取決於自動自發地發掘問題，反應意見的員工之多寡，企業的破產，一定是經營者不善，其實，並不純粹是經營者不好才導致企業破產的，也就是說，經營者或中堅幹部不夠優秀時，提出忠告或改善意見，就是身為部屬的你我一個重要的義務。

現在是個科學的時代，像古時候以死上諫的戲劇情節已不合時宜，而是要配合上司的類型，扮演好自為部屬的角色，將下情上達或提出忠告是相當重要的，將意見表達出來。如果你的意見確實是為公司好及為上司好，相信一定會被接受並獲得感謝的。

即使沒有直接的表示謝意，相信因為你的意見反應對公司或上司產生良好的影響，也足以證明你是這公司裡不可或缺的一份子。

例如，上司為了多角化經營而正想投入不動產業時，因你的意見而作罷，也因此使得公司得以逃過不景氣所帶來的影響，或者因為你的意見使上司發覺自己的盲點而得以改善等等，使得公司得以繼續存在、發展，也使得上司的行為得以改善，如果能將這些視為自己的成就而得以滿足的話，那麼你可以說是個優秀的上班族了。

第五章

具吸引力的提供資訊的談話方式

電話中看不見的心靈溝通

「喂！喂！這裡是××，趕快送二份炸海鮮飯、二碗牛肉麵來。」

「這裡是現代協調中心……。」

「不對啦，真是的，這麼笨……。」

諸如此類的電話，偶爾可在你我的辦公室裡聽得到。

「××百貨公司嗎？請轉××先生，記不得是那一課，不過好像在六樓櫃檯工作。」

「叫什麼名字呢？本公司數百名員工，光知道姓什麼，我也無能為力！」

如此的服務態度，一定減低顧客光顧的意願，總機不應只會使用電話的功能，還應心懷更多的服務熱誠，以下便是個很好的電話交談例子：

「請告知貴公司發售的××藥劑服用方法。」

「是的，感謝您購買本公司的產品，為達到藥劑效果，一天服用三顆到六顆，請問您的身體狀況是……呢？哦！那麼建議您一天服用二、三次，每次三、四顆、儘量在飯後三十分鐘左左食用，再次感謝您服用本公司的藥用品。」

如此，不僅能發揮藥品的效用，更可吸引顧客的購買意願。

以下的電話對談也令人讚賞：

「煩請賜知貴公司××連鎖分店的電話號碼。」

「好，電話號碼是……，該連鎖店在羅斯福路也有分店，您可在古亭捷運站下車，往和平東路走，大約三十公尺，便到達本分店，再次感謝您的來電，若有任何意見，敬請賜教。」

由上述二例應付內容來推斷，二名員工熱愛公司，對工作有熱誠，以服務顧客為第一，尤其電話中雖然無法看到彼此的表情，卻能傳達談話者的心態。

並且顧客或非公司職員打電話詢問，對於對答者的用詞及心態，來推測對答者的修養及該公司的風氣，再加上自己的想像力，往往對該公司的印象，好的很好，壞的很壞，因此，處理生意時切勿忘記「人」的因素。

電話中切忌牛頭不對馬嘴

一名朋友欲投保火災保險，曾打電話至保險公司詢問，卻發生令他訝異的事。

保險公司職員：「您要保險嗎？」

友人：「需要什麼做擔保嗎？」

職員：「擔保？本公司並不貸款。」

友人：「我要投保免責項目較多的保險，不是以物品賠償損失的那一種。」

職員：「面積（發音與免責同）大？面積物（發音與免責物同）？您到底在說什麼？夠了，不要再開玩笑了。」

職員很不高興地，碰一聲將電話掛斷。以下便是避免電話中出現牛頭不對馬嘴的交談方法：

1、電話中勿談到非用看才能懂的話題。

2、握著聽筒，首先必須從容不迫，咬字清晰地報上公司名及謝辭——「××公司，您好！」

3、事先將內容條列在便條紙上。

4、將對方談話內容重點摘錄，即使摘錄時雜亂無章，掛電話後也儘可能重作記錄，必要時，重要電話不妨利用錄音機錄下來。

5、代傳達電話內容時注意事項：

（a）公司名稱及姓名要仔細問清楚，因同名同音的字很多。

（b）指名講話的人若在場，當問明對方的公司寶號，貴姓及有何要事之後，儘可能在對方聽不到的情況下，傳達給當事人，再由當事人決定是否要接這個電話，如果不聽，那麼，可用下列方式回答：「對不起，目前××先生（小姐）並不在座位上，麻煩您留下連絡電話，回來後請他（她）回個電話給您。」

6、聽到對方掛斷後再將聽筒放好，切記勿使對方聽到自己不高興地呼一聲掛斷，並立刻確認對方的留話。

見人說人話，見鬼說鬼話

食物有美味與難吃之分，有令人一看就食指大動的菜，也有看起來令人作嘔，怎麼也引不起食慾的料理，同樣的一道菜，因食用的人的口味不同，添加的調味料或甜辣味份量也不同，同樣地，話為求生動，能扣住聽眾的注意力，必須注意說話技巧。

現代滑稽故事以惹人嘻笑居多，古時的滑稽故事除賺人熱淚，引人發笑之外，同時在潛移默化中教導聽眾禮儀儀式及措辭用法，並且吸引聽眾的注意，打動客人內心的喜怒哀樂的情緒，這些都是演講或談話高手所關切的事項。此乃厲害的說書及健談者，配合對方心情變化隨時改變談話內容。

上述的說單口相聲，每隔十幾分鐘便能使聽眾發笑，達到幽默的效果，因前面對於幽默嘻笑已做過描述，接下來談談其他的技巧方法。

1、使人生氣——攻擊他人自尊的狀況，不過太過分的話恐會引起爭鬥，不可不注意。「以你們的能力是絕對辦不到的，想試試看嗎?努力點，可能有希望辦得成吧！」「××班能在×天前完成，但對你們來說，恐怕過分要求吧！」切記在完成工作之後，最好向他們道聲抱歉。

2、使感動——「人情如紙薄」是現代流行的一句話，其實並不然，尤其年輕一輩並非無人情義理，只是大家不了解罷了，值得注意的是現代年輕人不想聽大道理，因此切記不可流於說教。

3、愉快的事——無論任何場合，要讓對方感受到溫馨的情意。

4、激厲——依個人個性，告知小人物努力成功的奮鬥史。

可依目的不同調配順序，怎樣的話題該如何說才能達到目的，譬如各人喜好不同，以自己最熟悉、習慣的表達方式是再自然不過的，然而也須依對聽眾不同而有所增減，各人的情況不一，在此僅能作一般性的論述。

總之，根據事實，掌握對方的反應及情感，作適當的談話表達。

談接待時，位置的坐法

通常，會客室或客廳都是以與人談話為目的的地方。不管是招待人，或隨意的款待，都是隨著心意而有所不同，而就介於訪問與被訪問之旁的會客室（客廳）而言，好像很少被深切地考慮到。

一看到公司或官場上的會客室，為所謂的流行，而捨棄了為接待應有的適當佈置，以製成品隨意地裝點，給人的感覺是敷衍了事，毫不莊重，即使是不得已才如此，問題是該讓來客如何入座。

總之，因為有較近入口處的地方是下座，而較裡頭的地方是上座的意味，所以從入口處的門邊開始，依順序入座，然而，對大部份的來客而言，並沒有「因為這裡是近入口的地方，是較不好的位置……」，而一定要引領來客到較裡頭的上座入座的意思。

所謂「端近」這個說法，對現代的年輕人而言，大概是較陌生吧！但是對工作崗位上的上司或上了年紀的老年人而言，卻是耳熟能詳的說法，即使如此，對引領來客入座的職員來說，能知道這個措辭的意義的話，不但會十分地受用，甚至能讓人對貴公司的評價有所不同，常常在會客室中，來客即使是坐在裡頭的上座，並且被用以慎重的態度接待者，然而，其品味或常識也常令人感到懷疑。

那麼，在訪問前，一旦被引領到會客室，若是哪邊有空位就坐哪邊的話，一時之間也是會讓人拿不定主意的。大抵而言，坐在端邊（最接近入口處的地方）久候對方入座的經驗，我想，任誰都曾碰到這樣的情形吧！

應該是對方的職員先走，並引領大家往裡頭的位置入座，照前述的情形——「因為這裡是近入口處，所以，請往裡邊走」，如此說的話，就不會讓人覺得不愉快，並且，如此一來，不但能讓人佩服貴公司的禮貌週到，而且入席於上座的客人也能有愉快的心情。

但是，也有例外的，就像推銷員，即使是被引領至上座的座位，最後還是得坐末席（端近）的位置，這是因為要推銷，販賣產品（有意請對方買），所以要坐在這個末席的位置，以示尊敬對方。

然而，若是如同會議或洽商那樣，有很多客人來的時候，要如何做才好呢？根據前述的情形，這也是同樣的道理，像如何增加座位？以入口處的門為基準，重新考慮入座的順序等等……，以座位和坐的位置之安排來評價該公司及其職員的好壞，其結果好或不好馬上就可以知道。

能經常為上司著想的人，很容易獲得陞遷

「喂！各位聽說了嗎？今天人事命令已經發布了耶，是升課長哦！」營業部第一股的股長K先生，從人事部回來後向著所有的股員輕鬆地說著。這位K先生，近日來一副洋洋得意的樣子，別看他那副德性，想來還是個大學畢業生呢！那天晚上發生了一件事。

股長：「各位辛苦了，我敬你們一杯！話題大概是從這裡開始的，喂！你……。」

股員A：「股長真是深獲上級的賞識，但是，依我們看來，這簡直是毫無道理的，因為，不論是所提的建議或企劃，都是勉強被通過的。」

股長：「不，一點勉強也沒有，況且我若光憑口舌，也不可能有今天的局面……。」

股員B：「是這樣嗎？如此一來，股長倒有點玩世不恭的味道，然而以此格調，竟能使提案順利通過，我真是感到不可思議。」

酒過幾巡後，股長的臉色漸漸變得溫和，一個人倒自言自語地說將起來。

股長：「怎麼樣？你們都聽說了吧，我今天升官當課長了，大概是我真有這個身價，抑或對於職務的分配上都能盡心盡責地去完成吧！」

股員C：「不，不，這些都是身為股長該做的，但是今天你升官了，而我們卻沒有得

到應有的報酬。」

股長：「這大概是上級沒有考慮到吧，然而，能多方的為上司著想也是應該的。」

股員D：「可是，使得提案能順利通過的秘密究竟是什麼？」

股長：「這個嘛，上司和部屬都要能做到攻守互換的程度，我們若是經常處於攻的地位，只一味地為自己的立場著想的話，一旦碰上居守位的上司，難免有所衝突，一旦有了衝突，不管今天居守位的人是什麼樣的立場，苦的都是所屬的部屬，俗諺上不是常有『將心比心』的說法嗎?總之，把它用在體諒上司的心情就對了，如果能用這個方法牢牢地抓住上司的心，就可以任意的攻城掠地了，像我，現在只是一個股長而已，如果，我能凡事為課長的立場著想來處理事情的話，結果就像大家所看到的，很容易就升官了，怎麼樣呢？」

這個K先生，在就任課長之職二年後，升官調職於××地方的F分公司，即使在那裡，依然可以看得出往日的英俊、敏捷，他仍信守著自己一貫的原則，今年他又以榮升總公司人事部部長之職回來上任。

「對上司再三勸導的事，這個時候，就要聰明地以上司的立場為立場來考慮事情的處理」，我想，這就是他能容易登上上司之職的秘密吧！

能否有效地利用部屬，全憑上司措辭的方法

世上有所謂的能以巧妙的詞句殺傷人的人，那就是讓對方的措辭不得施展，並進而引誘對方掉入自己所設的陷阱裡。

對於懦弱或有自卑感的人來說，這真是連豁拳的機會也沒有的時候，換句話說，有極端被脅迫的意思，至此為止，已經可以感覺得到詞句的運用不當所帶有的殺傷力是多麼的強，不僅如此，位居工作崗位上的上司，對屬下濫用這種殺傷力甚強的文句的例子也很多，上司們並不知道這些文句所挾帶的殺傷力，因此才會若無其事地對部屬濫用。

「部長，請看這個，這是在經濟緩慢成長下，我們公司合理化的企畫案。」

年輕的職員站在部長的辦公桌前如此的提議著，部長一邊看著這份提案，一邊對著部屬說：「嗯！我考慮看看」，然後過了二、三天，先前的那位年輕的職員又再度站在部長席前說：「部長，這段期間，對於我所提的企畫案考慮得如何呢？」他似乎是理直氣壯的詢問著，而部長不可置疑的是被迫必須要回答的樣子。

這個部長在身居職員中堅分子的時代，就知道所謂的「考慮看看」就是「不受理」的意思，但是，現在的職員對於這樣的措辭，實在非常欠缺瞭解。不但不懂其中的道理，也

不願退一步仔細去想，在不採用部屬所提的企畫案時，能進一步加以說明其理由，這才是培養現代部屬最重要的方法。

因為上司的一句措辭不當，不但會盡失部屬的信賴，就連部屬剛萌芽的獨創性也會被抹殺，其結果，使得自己不是一個擁有好的統率力的管理者的缺點暴露無遺。

能將部屬殺傷的詞句實在太多了，身為管理階層的人，在自己心神不定的時候，對這些詞句的運用就要格外地小心了。培養良好的部屬，其最要緊的重點就是——對其工作態度表現出讚賞，以稱讚來激勵部屬是身為上司的人該使用的方法之一，這也就是能以得當的措辭，進而有效地運用屬下之能力的不二法門。

世上沒有人在被褒獎、誇讚時，其心情是不愉快的。這是古往今來，中外皆然的真理，說及此，對於那些不能看透奉承、巴結的管理者而言，其身價不但會因此而滑落，最後連部屬對其信任的依賴感也會消失殆盡。

像「做得很好！」「努力就會有收穫哦！」「聽說你的研究有成果了」……等鼓勵的話，能多多地使用這些詞句，鼓勵、稱讚部屬，並以此讚賞的方式激厲屬下的士氣，進而抓住他們的心，使得部屬們能生氣勃勃的努力工作，而公司的業務也能因此更蒸蒸日上。

以上就是能否有效地運用部屬，全憑上司措辭之方法的最好詮釋。

是否能隨意地得知同事間的任何動向，取決於平時的溝通

在某公司的衛生福利部門，有一個很認真工作的年輕職員A，他在進公司七年後，就成為自己所擔任的職務的個中老手。

A很引人矚目的地方就是「寒暄、回禮」時，總是顯得很有精神的樣子，在上班時刻，不管遇到任何人，總是可以聽到他「你早！」或「早！」的問候聲，於是在此部門中，A就博得了「早安先生」的綽號。

「喂，關於工作懇談會的幹事，沒有適當的人選嗎？」課長如此說著，他聽後立刻回答：「是這樣子嗎？管理部門的○○或營業部門的△△是不錯的人選哦！」課長聽後，對於他能即刻確切地指出該公司職員中適當人選的姓氏，感到非常的驚訝！

關於這個秘密，就要從A平時的言行說起。他每天早上都以很愉快的心情與人寒暄、問候，因此，周圍的人皆由於他的親切感，很容易的就與他攀談了起來，所以，不管是職務上出了問題，或發生了什麼意外，就會想到A，並且很願意與他商談或共進對策，就因為如此，他的名聲便不脛而走。

和A相反的就是故步自封，獨善其身的人。這種人別人與他寒暄時，連一點反應也沒

有，有的是因為難為情所以不敢抬頭，低著頭擦身而過，有的卻是故意置之不理，這其中也不乏讓人討厭的人。因此，我們很難去信任，依靠持有這種態度的人，並且與這樣的人一起共事也不是很好受的，不知為什麼？在面對麻煩，困擾和意外的時候，這種人因為只會愛理不搭的回答，或以事不關己的態度來處理，因此，其結果是可想而知了。

「身在戰場」的說法是自古有之，同樣地，也常有人說：「商場如戰場」。所以平時的準備是很重要的，A平時除了在公事上能與同事之間互相切磋外，私底下也藉著閒談建立彼此的感情，這種相互的交流是很重要的。因為，能與他人多做精神上的交流，不但能藉此了解同事們的專長，別人也可由此理解A的為人與想法。A於是藉著這種你來我往、相互溝通的管道，而深得大家的信賴。

當然，A在該公司中居有特殊的立場也是不可否認的，所謂的衛生部門，即是以謀求公司全體員工的福祉為宗旨的單位，不管是在公事上或私事上，與同事之間的接觸是不可避免的。

但是，A平日卻是很認真地以非官方式的接觸，與同事們作溝通、交流。例如：對於公司假日內所舉辦的各類聯誼活動，他都儘可能的出席參加，而對公司內部所舉行的工作研討聚會，他一定參加，因此A如此的認真，必定能從中獲取他想要的各類情報。

同學會是收集情報最好的地方

在同學會上相互交談著的A，是家電製造業的職員，而B乃是其競爭對手的公司職員，酒過幾巡後，A卻自顧自的說起話來，一會兒說到昔日的風流韻事，一會兒又提到年輕時代的陳年舊事，其最初的型態，大都是交換名片，然後再將對方的公司名稱、頭銜很快唸過，剛會面的起初，總是會談起令人懷念的種種過去，進而再聊到近況如何？但是，這並不是全然毫無目的的吃喝著。

A在該公司人事部是一個很有才能的職員。在經濟不景氣的情況下，想藉此機會得知其競爭對手的公司內，有關於人事調動是怎麼的情形，對方的公司有何因應的對策？及對於自己所從事的管理一職的待遇是否合理。

因為B對這種事毫無防備，所以趁著酒勢，就將自己所知道的，有關於公司內的各種情報一五一十的講了出來，B由於對方是好朋友，所以就毫無保留的有問有答。同學會由於參與的人彼此之間的感情融洽，因此，很容易地讓人毫無防備的忘了公私之分，A方面，則無視於過去的依戀及懷想，只是一心地想要在競爭激烈的商場上出人頭地。所以，打算有效地利用此次的同學聚會。以下是二人之間斷斷續續的對話：

B：「不，是研究部門，關於企畫部門人員調動是沒有的事。」

A：「哦！是這樣的呀！」

B：「其次，所謂的○○本部，是任何公司都設有的部門，而我們公司只是將一切的本部集合起來成為一個總本部。」

A：「管理一職又是如何呢？」

B：「好像要考慮必須有什麼經歷的樣子吧？」

A因此由其競爭對手的公司，得知將如何改革自己部門的梗概。

這個A和B的立場，其實是極端相對的，然而藉著同學會，他卻得到許多有用的情報。

同學會事實上還有更多的好處，例如：可以讓自己的工作日益求精，在和好友談及陳年往事的時候，也可以藉機由與自己從事不同行業的友人處獲得有建設性的助言，並間接地提供了對自己的職務有利的點子，甚至，還可以由參加這樣的聚會，因緣使然，趁勢讓友人在輕鬆的氣氛下，引薦有購買能力的顧客大量地購買自己公司的產品。

所謂的同學會，主要是以親睦為宗旨的聚會。因為是和自己身居不同世界的人參加，所以，若是抱著有所目的的心理參與，它往往能成為一個很好的情報供應處。

即使是昨天的朋友，也可能成為今日的敵人

A：「喂，你怎麼可以說這種話，這份企畫書早該通過的，況且，你是知道的，企畫書的審查手續是有一定的評價喲！」

B：「課長！話是這樣說沒錯，傷腦筋的是——這實在有困難的。」

A是營業課的課長，B曾經是A的直屬部屬，也就是股長，在公司人事調動的三個月前，B剛升官，成為會計部門的課長助理。

為促進公司販賣活動而設計的新的企畫案，經各部門的課長過目後，產生問題的企畫書，最後就回到決定經費支出的會計部門。

A：「哪裡有問題？這是我為公司著想，才精心設計出來的企畫案哦！」

B：「是這樣子的，會計部門的課長還沒有過目，而且提案已經超出原有的預算。」

A：「你從前不也曾經在我手下做過事情，為什麼今天不能了解我的心境呢？難道你不知道？會計部門從一開始就與營業部門之間有所間隙。」

B：「這個……。課長！因為是公事，這與以前在你手下做事是兩碼子的事。」

A曾經在營業業績很好的期末，以慰勞為由，經常邀B一起出外飲酒作樂，身為股長

的B，也因是一個能將部屬統率得很好的長官，所以，在公司內也有很好的評量，大家都說——B是A的護身符，也是A的左右手，兩人感情很是親密，由於如此，A在B人事方面的考績上給予所屬部門內最高的點數，甚至，基於愛才的心理，在公司固定的人事調動期間，A極力地推薦B轉任會計部門。

B：「課長，請不要講這些無理的話，我們現在是在溝通，檢討。況且，你該知道的是——我現在是會計部門的人，請您為我們的立場想一想！」

這對A而言，「我為什麼要推薦像這樣的人？讓他順利升官？」如今只有滿懷的悔恨，在B離開營業部門三個月後，這期間兩個人沒有再互相的來往，一方面是由於部門不同，能碰面的機會也很少，另一方面是承擔提高公司營業業績責任的A，經常出外洽公的緣故。

這份企畫書的內容對公司而言，無疑是非常有用的，問題就出在經費支出方面，這也就是B希望能將這份企畫書退回，重新再加以修改的心態，有關於這件事情，A是由其他部門聽來的，如今正抗議著……。

昨日的朋友成為今日的敵人——這種情形不只會發生在同一個公司內，也有為了在企業上的競爭，不惜手段，將對方的優秀職員拉攏到自己公司的情形，更有因與昔日的好友交際、應酬，在沒有防心之外，遭對方的算計，而被出賣的例子。

若對於男女職員的差異一無所知是一種損失

雖然現在的公司，男女職員的分佈在性別上有差異，但公司組織的運作，仍是採取男女分工合作的混合體制。

像現在公司的營業部門，一個跑外務的男職員，搭配一個執內勤的女職員，以這種二人一組的搭配而順利完成公司所交代的職務情形，實在不少，例如：男職員專心地從事—遍訪主顧、接受預訂、機器類的保管修理等方面的工作。

而女職員則從事一些與這些業務有關的工作，像帳簿類的開具或處理，整理男職員要訪問主顧所需要的資料等……。這就是男女二人分工的好搭配。男職員因為完全不接觸一些零零碎碎的雜事，所以可以全心全意地從事業務的擴展，而女職員由於心思細密，更能將瑣碎的雜事處理得井然有序。

但是，話雖是如此說，男女之間還是有差別的，兩人之間的感情即使是很和諧，久處後也難免發生閒隙，這種事都可能發生在任何公司裡。男職員在職務上發生差錯時，就會極力地叱責所搭配的對方（女職員）不小心，女職員則完全籠罩在凶暴的威脅之下，以後如何能很順利地與所搭配的男職員完成所擔任的職務呢？所以，業績會低落是理所當然的事。男職員則更因此而益發地焦躁，而女職員則更惶惶不安。

可是，也有巧妙地運用男女心理上的差異而成功的例子。

在N食品公司，有反對節約能源運動的急先鋒，此人乃女職員們的領導人物，這時公司內正提倡節約能源的運動，此女職員干涉後的結果是可想而知了，她同樣地反對電梯的使用限制（因節約能源中），她並將女性特有的善於照顧人，耐力強，具母性光輝等特質，仔細，謹慎地運用，而且付諸行動，發揮得淋漓盡致。

S機械工具公司，由於經濟不景氣，使得公司的業績一落千丈，對同行的人而言，它無法忘懷曾經在販賣方面所創造的奇蹟，然而，業績的每況愈下，就像一副沈重的擔子，讓人負荷不起，社長為了追求高度成長的理想，因此改變了幹部的組合，一個接一個的，將公司中年輕的職員擢升為重要幹部，公司卻因此突然地回升到原有的業績狀況，在乘勝追擊的心態下，大概也想盡力地衝刺，以期能達到往日的佳績吧！

這就是年輕人振作起來的冒險心和旺盛的開拓精神所努力的結果，在現代，是否能巧妙地運用如此這般的男女微妙的心理呢?實在是成為事業的經營發展成功與否的重點。

最佳鼓舞士氣之道

某大公司某董事喜好演講，在早會上一談便是一個多鐘頭，經該公司職員透露，當日的工作效率會明顯地下降，我也因工作上的關係，曾參加該公司的早會，與會時的感覺是想必能從會中有所收穫或者領班主管的叮嚀，大家定十分了解吧，然而，看到聽眾們的表情，知道他們是消極地忍耐著。

「真討厭，算什麼好公司，他們說的與我何干。」

「主管說的什麼話嘛！光會要求努力，也不想想我們身體是否受得了。」

常常可在開完會後聽到類似的牢騷，不過演講者往往不清楚情況，其原因有三：

①講者演講技巧不佳，內容枯燥乏味。

②內容目的不明。

③內容或事端與自己無關。

技巧不佳，內容枯燥，與用辭用法有關，目的不明則與演講者的出發點未考慮到聽眾們的心理。人為滿足需求才有所動，而且慾望會左右關心的方向及範圍，由注意而生興趣，再來注視、傾聽。

第六章

在聚會或行事時，說話的秘訣

如何判斷提議？如何採取多數決議？全憑主席的本事如何

主席不但是會議的主角，而且是各種集會舉辦時，不能欠缺的人物。在會議場所中，由於與平時的交涉場合，在氣氛上有所差異，與會的人士，在心理上難免有些緊張，而且不同的人聚集在同一個場所，為達成一個目的而集思廣益地開會作出結論，主席的重要性由此可知。

主席就像是交響樂團的指揮家，對於所屬的每一個團員及其所持用的演奏樂器特性，要非常地能掌握，如此一來，才能演奏出旋律優美的音樂（指會議的成功）。

對於每個與會的人所提的意見，主席要如何地調停、取捨呢？例如：「今天的會議到底在開什麼？冗長而乏味，一點建設性的意見也沒有……。主席真是差勁！即使再多開幾次會議，也討論不出什麼解決之道，根本沒有開會的必要。」或「凡事都要提出意見的○○先生，他也無法提供有效的意見，只是一味地說著一些與主題無關痛癢的廢話，主席應該制止才對」，諸如此類，在會議結束後，所有不平不滿的牢騷話就會脫口而出了。

因此，主席要在開會之前，就應該與專門在會議上進行搗亂的人作事先的溝通，所謂的專門在會議上搗亂的人即是指：「凡事都要發表意見的人」，「凡事都要反對的人」，

「想法乖僻的人」，「沈默寡言的人」，及「凡事都漠不關心的人」等的總稱。

例如，對凡事都要表示自己意見的人就必須如此說：「這是今天開會的主題，根據這個主題，您有什麼高見嗎？請您盡可能簡單扼要地提出重點說明，拜託了！」對沈默寡言的人卻必須說：「你最近不是想找我談談嗎？正好今天的會議有個主題，請您一定要發言，即使是一句話也沒有關係，請您踴躍發言！」至於對凡事都漠心不關心的人就要說：「關於開會的主題，您有什麼看法嗎？請您提出意見，綜合一下全體人員的提議，做出最後的結論好嗎？有了您的積極參與，必能使這次的會議圓滿成功，請務必幫忙！」

若能像以上，因人而異而使用有效的進退方法，則凡事就容易水到渠成了。

若會議不能做出結論，則在重新進行後，一定要做出最後決定不可，在這時候，民主方式的「少數服從多數，多數尊重少數」的方法就顯得很好，這種彼此的調和是十分重要的。附帶提一下的是，關於多數決議的說法，就像是「山中的繁花有如片片的雲彩，而民主主義就像雲彩飄浮不定（沒有一定的對錯）。」而大家正在看花時（賞櫻花），突然有人發現所看到的是雲，不是花，既而肯定地說：「是雲沒有錯，是雲，一定是雲，接著，大家便附和著說是雲。」最後，原本的花卻被說成是雲彩（多數人所言）。

因此，主席要以冷靜、客觀的態度來判斷事情是應該的，而且能掌握全體人員的情勢，及發揮洞察力分辨各人的發言，也是很重要的。

即使是聚會，也要懂得把握時間

M公司的業務經理O和三個年輕的部屬，趁著公司的午休時間，來到附近的咖啡專賣店稍作休息，此時，O經理並沒有提出什麼特別的話題，倒是很想知道同來的三個年輕部屬，對於部門上的業務有什麼建議沒有，於是就作東請他們三人。

O：「最近不知怎麼搞的？忙得連彼此會個面，打聲招呼的時間也沒有，你好嗎？」

L：「嗯！還不錯，今天還得到工廠方面去看看。」

M：「經理！最近高爾夫打得如何呢？」

O：「哎呀！馬馬虎虎啦，M，你也打高爾夫嗎？」

M：「嗯！剛學不久……，下次有機會，請您多多指教好嗎？」

這時經理看著沈默不語的N，於是就說了：

O：「N，最近你都在忙些什麼？二、三天都看不到你的人影。」

N：「是的，上個星期到高雄去了一趟。」

O：「戰果如何，上面的人都很注意這件事哦！這件事是很重要的……。」

以上的情形也是聚會的一種。O經理能適時地掌握臨場的氣氛，並且有效地控制發言權，使得在場的每一個人都能適切地表達意見，不僅如此，O更能從中加以了解其部屬不同的個性，及所能勝任的工作，像認真的L，愛說話的M，以及沈默寡言的N，此時的經理早已從三人的交談中得知他們的個性，並依其不同的性格與他們作適切的交流。

若是場面有所更改，又變成如何呢？例如：M公司在某個料理店招待一位老主顧，這個場合就與先前的情況有所不同。

O：「謝謝您經常照顧敝公司的業務，承蒙您今天在百忙之中，抽空光臨指教，實在不勝感激。今天的聚會，不必拘什麼禮節，只是隨便聊聊。若能趁這個機會，讓您多了解一下敝公司的業務狀況，實在是榮幸之至，若有招待不週，還請多多見諒……。」

像這類型的聚會，被招待的一方在宴後也要客套性的答謝一番。這之後，O經理以眼觀六路的姿態，留心注視著遞煙酒的職員。

這種聚會的場合，常有所謂的預定時間，O經理在預訂的時間中，更要能掌握時間，並加以配合，所謂的掌握時間，即是在對方說話的同時，你也要應聲配合。千萬不要自顧自地說話，或忽略了對方的反應而喪失了人緣。如此，不但能使說話的對方獲得心理上的滿足，更能兼顧到時間的運用。O經理在這方面所展現的才能實在無人能出其右。不僅是公司，就連顧客也給予很高的評價。其原因無他，就是能適切地掌握時間而已。

會議的成功與否，取決於全體會員是否能集思廣益

古有俗諺「三個臭皮匠，勝過一個諸葛亮」。一個人不管再如何的思考，也是只有一個人的智慧而已。但是，若能三個人（團體）在一起思考，就能將在腦中沈睡的各種思想喚醒，在相互的激厲下，潛能的發揮，常會有意想不到的好方法浮現，所以，集體思考的會議，往往更勝於一個人絞盡腦汁、腸枯思竭來得容易解決事情。然而，雖然如此，會議也未必能得到好的解決之道，相反的，有時單打獨鬥的方式也未嘗不好。

在某個公司的會議室，以「如何清除庫存」為主題，邀集了各課的課長及課員一起努力研商解決之道，議論在時間的消逝中，逐漸地白熱化。

A：「喂！（舉手），我先，不管是那一課先發言，各課都要派三名代表起來發言，而今天我想了一下，我的課裡差不多只有二名課員參加，實在是……。」

B：「那你今天來這裡作什麼？這不是先前就已經宣布的決定嗎？」

A：「不！請聽我說，關於這點嘛……！議長。」

議長：「A、B，請靜下心來慢慢說。」

C：「B，你也不要那麼激動嘛，況且會議還沒開始呢！先冷靜一下如何？」

B：「就是有你這種人，喜歡在別人說話時候從中插嘴。」

C：「B，請閉嘴如何？」

B：「閉嘴又怎麼？你也是！」

C：「這是不對的，會議還沒進行就變成這樣，議長！請進行議事討論，議長！」

A並沒有好好聽取全體人員的意見，只是獨斷獨行地陳述自己的意見，而B卻常常中途發言，插嘴打斷別人說話；C是較感情用事的。像這樣的場面，似乎並不把議長放在眼裡，與會的每個人，似乎沒有多大的參與意願，為解決公司的困擾而努力，也欠缺對公司的責任。

議長或主席是身為會議的最高領導人物，因此，他有權利，也有責任要求每一個參與會議的人員，在會議上，若有人故意對議長或主席挑釁，或計劃混亂會議場面，則此人就喪失了與會的資格，參與會議的人，必須嚴守下列四點規則：

(1)積極地發表意見，並仔細地聆聽別人的意見。

(2)結論時，不論自己是贊成的一方，或持反對論者，都需心平氣和。

(3)即使是反對，在結論若有贊同的地方，也要不吝表示贊成。而對自己所持的反對理由，更要冷靜地提出說明。

(4)對於會議上的理論、宗旨，及所提到的證明，要讓在場的與會人士能通盤地了解。

光是內部的廣播，只是一有疏忽，就會傷及公司的名譽

國鐵罷工的消息持續地在某公司的內部廣播著。

「唏哩嘩啦（硬物相撞的討厭聲音），沙沙（東西磨擦所發出的低聲），劈劈啪啪、喂喂的試音聲。關於明天的罷工，要提醒各位注意，明天是預定要罷工的，而根據午後四時，現在的新聞報導一中勞委的調停作業似乎有意迴避罷工的趨向。最好是停止進行，但一切尚未決定。啊（小聲的）！這已經是第二次發生了嗎？罷工會變得如何呢？……」這是麥克風的開關在啟動前，依照往例所作的廣播，在廣播時，要毫不思索地照著原稿唸，因此，若對內容沒有十分的把握，結巴的語聲就會藉著麥克風而廣播出去。

聽到的職員難免就會焦躁地感到不安，而對外面的人來說，聽到這樣的廣播，也會感到難以忍受，這種後果就是在公司內擔任廣播的職員，其粗心大意所造成的。

接著，就是在某工廠內所作的室內廣播：

「由設備課來的通知，明天△月△日，原本預定要撤除第一大樓及第二大樓的高壓電設施工程，目前停止進行，因此，明天第一大樓及第二大樓照常供電，關於詳細情形，隨後再通知。」

以文章的觀點來看，這個通知的內容並不十分地考究，但作成這份廣播原稿的職員，平時一定是個書寫商業文書或企畫等的高手，而校對此份稿件的職員，平時也一定常接觸文書方面的工作。所以，接到這份原稿時，也不問內容如何，就隨手機械性地蓋印戳放行，可是，廣播原稿和平時所閱讀的文章是有差異的。廣播原稿是寫好了的文章、用聲音將它唸出來，使人聽了之後容易了解，然而，這份原稿卻完全沒有經過修改的程序，因為內容沒有修改，所以，不論在公司內廣播多少次，永遠也不會有所進步。

舉個例子來說，原稿中的「由設備課來的通知」，「及」，「根據……情形」，「詳細情形隨後……」之類的話，用耳朵聽起來就覺得非常的生硬，其實「第一大樓及……」就是「第一大樓和……」，「根據……情形」就是「因……情形」，「詳細情形隨後……」就是「詳細情形不久會……」，如此修正的話，聽起來不是很容易懂嗎？

還有，廣播的技巧不熟練就在室內作廣播的話，不敏捷、照本宣科、讀錯，諸如此類的情形，不僅會讓收聽的人感到疲累不已，甚至在廣播多次以後，也會讓公司的顏面盡失。

內部廣播和百貨公司的店內廣播比較起來是較容易讓人了解的，百貨公司對顧客的態度要親切，因為是以提升銷售為目的，所以在廣播的傳達上就十分地考究，要想期望有像百貨公司那樣的服務是不可能的。不過，倒有「隔牆有耳」這樣謹慎的例子。企業公司內，就以廣播作為聯絡的管道，像來到這類企業公司的交易商或批發商，董事或部長的私人訪客等外人，皆會被輕聲謹慎地告知您的來臨，不可置疑的，如此一來，若運用不當，公司的評價及印象都將因此而大幅滑落。

現代的企業，電話接線生的教育和原稿撰寫，修改的方法是一樣重要的，為了糾正廣播的發聲，及奠定廣播的基礎，建立「室內廣播委員會」之類組織的時代已經來臨了。

如果能掌握「你和我」的基本，廣播就會變得很順利

一說到廣播就會聯想到廣播員這份工作，從目前的公司和商店播音員，或是高中，大學的播音社，在廣播研究會中學習當ＤＪ的年輕人，甚至是志願性的參加服務活動，為盲人製作朗讀名作的錄音帶的主婦，範圍非常廣泛，在此想以公司內和商店內看不見的播音員和聽眾的個例加以說明。

播音的時候不管是誰，都會感到與平常說話的感覺不同，這是因為有麥克風或錄音器介入的原因，因此有人就會因緊張而吃螺絲，另一個吃螺絲原因，就是對看不見的多數人講話的意識過剩之故。但是也有人能習慣這種情形，不過習慣這種情形的人有時也會無法

掌握說話對象，結果就變成像演說那麼呆板的廣播，仔細一想，一個人聽廣播比一群人聽廣播的情形多，所以是該掌握住對一個人說話或者是對一群人說話的意識，這關係著廣播的順利與否，也就是所謂的「你和我」。

最應該把握此要點的是在日常生活中打電話時，最（想起一個人時感情就充沛）近非常普及的電話答錄機，從那會聽到什麼樣的聲音呢？那是錄音帶的聲音，是一種沒有感情，聽起來很冷淡的聲音，雖然這也是一種廣播，但可以說不怎麼高明，我想主要原因是錄音時訴求不特定的多數對象，而不能好好掌握特定對象。

而普通電話能實實在在的聽到有生命的聲音是因為對方真實的存在，有感情注入的聲音就是成功的廣播，但是要像這樣確實把握對象對廣播而言不是輕鬆的事，公司與商店的播音員透過麥克風向眾人播音，如果能想像只對一人播音的話心情也會很輕鬆，而結果也能聽到非常美妙的播音聲。

「你和我」最好的一個例子是深受年輕考生歡迎的深夜廣播。ＤＪ的聲音輕聲細語，而考生一個人聽廣播時可以安慰孤獨感，就好像只對著自己講話的感覺，這就是「你和我」的關係，ＤＪ的聲音給予數十萬，數百萬的聽者相同的感受，這就是個很成功的廣播。

因此，在商店或公司廣播時，不可意識到有一大群人，而應該練習只有一個對象，這樣的廣播才會充滿感情，充滿聲音表情。

不知道麥克風的裝置就不能提高效果

我希望能對婚禮中演講用的麥克風，或公司內廣播用的麥克風提出一點建議。

我們在看歌謠節目時常發現歌星們把麥克風貼近嘴在唱歌，或許平常看習慣了，大部份的人都誤認為麥克風需要拿的很近，像選舉的宣傳車、收破爛的人、電車的車掌不勝枚舉，麥克風拿的太靠近嘴，聲音就近似喊叫，學生活動的演講者講的話因為有太多雜音，不知道講些什麼。

廣播電台的播音室或會場中歌星唱歌的聲音，因為可以透過調整室調整，所以不管多貼近嘴都沒關係，都可以由專門的技師調整至最優美的聲音，然後傳到各家庭中，技師們邊對照歌詞和歌星，邊調節音量提高、壓低。

但是，我們從不注意調節麥克風的人。婚禮喜宴上使用的麥克風雖然接了擴音器，但是大多把它固定在一定的音量上，好似無人狀態。

麥克風分為單一指向性（只顯示一個方向聲音的感度）和無指向性（任何方向都可吸收的麥克風）用做演講用的麥克風多為無指向性，因為是無指向性，所以拿麥克風的人稍不加注意，就會出現很多周圍的雜音而達不到效果。

以無線麥克風來說，拿的人以吹尺八的角度計算距離，嘴要保持四至五公分，如果臉向右，那麼麥克風也要向右移，臉向下則拿麥克風的手也要移向下，這是秘訣。

如果是附在大衣上的直立型麥克風，那麼距離口至少要三十至四十公分，對演講是有效的距離，因為麥克風是固定的，所以重要的是講話時臉要不斷的和麥克風保持有效距離，不管是無線的或直立式的，只要習慣麥克風的操作，自己就能依自己聲音的大小修正離嘴遠或近，例如婚宴中可以聽到美妙的聲音，就是因為提高聲音時，能夠保持規定距離的一倍遠，所以才有如此效果。

了解以上所講的基本概論，就可以知道我們用平常的聲音演講，而能達到清晰的效果，是因為麥克風有擴音的裝備，如果要進一步要求的話，並能訓練自己聽到擴音器發出的自己的聲音，就更加如虎添翼，從回聲調整麥克風的距離，將更能聽得清楚。

結婚祝辭最好以小故事為內容

「結婚是基於兩性雙方同意而成立」——這句話誰都知道，兩個人同意後到政府機關去註　登記，婚姻就成立了，這麼簡單就完成結婚儀式的例子現在已很少了，這和世界的景氣無關，每一年儀式都非常盛大，而這並非是結婚當事人的意思，而是周圍親友的意思，恐怕新郎新娘都沒有預料到參加者有那麼多吧！

雖然認為這種習性不好，但仍然沿用至今，從結婚的二人為中心的氣氛，漸漸的成為一種形式，我們受邀請參加婚禮是這二個年輕人的陪襯、客人間第一次見面默默的喝酒、吃飯、然後演講。

恭賀辭和演講代表著兩家，所以像「某先生自學生時代就很用功……」「或某家小姐心地善良溫柔」等的讚美話，在宴會中是常有的應酬話。

二個人的人品和經歷已由媒人介紹過，所以參禮者對二位新人都有個概念，但是介紹的只是個概要，要描繪新郎新娘最好的方法就是讓參禮者席上致詞。

下面的一段演講就是新郎的同學所講，關於新郎的故事：

「某先生，某小姐恭禧，我是新郎的同學，一同在大學的乒乓球社，我以二年級前輩的資歷當社長，事情發生在和A大競賽大會上，比賽結果我們輸了，但兩方的啦啦隊發生爭執，這時他捲入糾紛中出面調停，真的我本來想去勸解的，但被他搶先了，他真是個男子漢，他能娶到又漂亮又溫柔的新娘，我由衷的恭喜他，希望你們能百年好合，每次到乒乓球社喝酒，你總是唱情歌，『娶妻要娶有才氣有姿色……』，新娘就如這首歌是你理想的伴侶……（後略）。」

這個演講使啦啦隊隊員們想起爭執的情景，而新郎男子氣概的印象仍存在著。

一般席上致詞的時候，因年長者的人生經驗和學識非常豐富，所以常常說些勸導的話，但如果是新郎新娘學校或工作地的前輩、同事、友人，他們有著共同的生活經驗，從這些體驗中應該有很多的小故事，這些故事加上幽默，就會令人印象深刻。

弔唁以口語化說些生前的回憶比用美麗的辭句更有力

悼辭往往需要事先擬稿，不像一般的成年、結婚、祭祀的儀式，是為了防止唸錯，但是擬稿時為了顯示悼文的莊重嚴肅，所以就引用漢字、格言、諺語，結果就成了下面這樣的悼辭。

「謹獻給××亡靈，××生於民國○年○縣，性情溫厚篤實，胸懷大志到台北施展抱負，卻罹患重病，雖然幾經療養卻沒有功效，使用藥物也無起色，忽然間離我們而去，令我們傷痛至極，悲哀莫名，恭敬的獻上敬弔之意，願你在天之靈能夠收到。」

這是自古就有的弔辭文型式，所以聽起來它的文言性格調很高，弔辭原則上是說給故人聽，所以遺族應該以他的榮譽和生前回憶作弔文才是，美麗的辭句並不能在心中留下任何感覺，所以與其用文言調，不如用口語化來的真實和親切。

因此，從擬稿時就要寫的簡單明瞭，完成之後再用錄音機聽聽看會更好。

「○○，上次在××車站見面時你身體還很好，不敢相信如今卻離我們而去……。」

如果能加上生前的口頭禪就更好，又由於故人的性別、年齡，死亡原因及唸悼文的人和故人的關係，弔辭的內容就有所不同，最主要的用易懂的口語化，使人能想像故人的生前，如此遺族和參加者就會感動得掉下眼淚。

如果要再加上一點的話，那就是葬儀的演說和結婚一樣有忌諱的詞句，所以，擬稿時要特別注意，以下提供不同葬儀不同用法的法事用語，希望能善加應用。

1、重疊語：反覆、又、並且、更、尚、加上、再三、下次、再一次等等，不幸的事只要有一次就夠了，因為有二次就不好。

2、葬儀式不同用語就不同：成佛、冥福、供養等名詞在和佛教有關的葬儀，但基督教或神道的用語就不同，如果用死去，逝去則任何宗派，宗教都可以用。

轉合的恰當與否決定於祝辭給人的印象是否深刻

常常聽到起承轉合這句話，這是古時中國做詩的方法由四句構成一首詩。第一句是開啟詩的意思，第二句是承接第一句，第三句是承轉詩趣，第四句是總結整首詩。

這種起承轉合如果用在祝辭等的演講中感覺會很好，但是演講的情形，起、承的部份幾乎相似，因而外交辭令也就特別多。

「各位新進職員，恭喜你們入公司，你們一定擔心入社後如何做好人際關係吧……。」（入公司式）

「今天在百忙之中能有如此多人來參加，非常謝謝，完全靠大家的力量才能在此開業，深感謝意。」（營業所開所式）

「恭喜創立二十周年，二十年的歲月不算短……。」（公司創立紀念日）

如上例，起、承陳述了典禮的主旨，成為儀式的祝賀詞導入正題，但是總結時必須想清楚，轉、合該以怎樣的個性來表現，演講會給人家什麼印象，完全是靠轉，合的部份，如果以樹幹和枝葉來比喻的話那就是樹幹的部位。

下面的一段演講是，受邀參加某公司創立紀念日的同行公司的高級主管的講詞：

「……（起承部分省略）……我常進出董事長室，董事長室的壁上有一面色紙，上面寫有董事長故鄉的高僧賜贈的很有名的詞句（窮則通），但仔細一看，是寫著『窮則變，變則通』，和我所知的不太一樣，經過苦心經營公司之董事長的說明才了解，董事長這麼解釋著：『光說沒有辦法是無法改變現狀的，一旦陷入困境就必須改變，就是說"經營就要變化"，不景氣的時候也該如此，常常改變經營方式才能開通不被淘汰。』預祝貴公司能以這句話衝破種種難關，迎向創立三十周年。」

這位來賓在起承中只說了簡單的祝賀詞，而在轉合處以董事長辦公室的色紙為例，闡明經營的不易，讚美創立紀念日為終結。

第七章

要克服不善言詞

沒有靈魂的言詞只能給人沒有靈魂的印象

與人應對、說明或者打招呼，正式的祝賀辭等等，我想有人能對答如流；相反的，雖然本身是態度溫順的個性，卻表現一副裝模作樣的表情的人，和雖然說話流暢，卻失去誠意的人也大有人在。

像後者的說話方式，雖然自己沒有感覺到很自視清高，但對方卻會誤解為呆板、冷漠、使用相同內容和相似的話，卻造成不同的結果，差別在於話中是否加入自身的感情。

演藝人員即使身體、心理條件不很好時，例如頭痛、腹痛、感冒、生理痛、家庭不幸、事故及種種擔心的事情時，為了滿足客人，不能把這些不如意留在臉上，無論發生什麼事，不允許把自己的事故當成表演、唱歌、說話不順的原因。

他們實際上很快樂的唱歌、說話，是因為身體健康、性情開朗、心無旁騖，他們能生氣勃勃的說話是親和性所使然。

我們的工作不需要親和力、親切感嗎?

技術師因工作而與周遭的人合作完成使命，應該沒有意見不通的事，當然說話方式和演藝人員不同，以商人來說，以說話技巧贏得買賣，訂立契約、賣出商品，都是因為說話中流露令人親近的感情。

無魂的說話樣子就像下列那樣：

1、一個調子的說話方式——用同一語調，缺乏抑揚頓挫則毫無感情。

2、辯解的說話方式——嘮嘮叨叨的方式，保衛自己的方式。

3、帶點哀愁的說話方式——消極的說話方式，僅適用在葬儀時。

4、不得不回應的應答——雖然討厭仍須回答時，生硬的語調以現象的觀點來看。

以上這些沒有靈魂的說話方式，在現象裡是有原因和理由的，沒有靈魂的說話方式，其性格不外乎是，很羞怯或職業性的談話時，但是如果自己是靠工作生活的，不能有利的發展此工作，得到周遭人們的合作，則工作就不能順利，阻礙合作和協調的沒有靈魂的說話方式是不被允許的，沒有靈魂的說話方式，其最大原因是自己不順利，對方不警惕。

心製作言語、言語製作心

心性溫和就能說出溫柔的言語。心情煩躁，就會說話粗野。——我們知道心是行為的規範，但，卻也有相對的因果關係存在，即是說，言語粗暴心情也變得心浮氣躁。行為光明磊落就會心情開朗。言語限制了行為。後者的例子，在我們的日常生活中隨處可見。

應該有這樣的經驗，在不知要寫什麼好的情況下，無論如何要先試著寫出些什麼原稿或便箋，漸漸地自己的想法就清晰起來。試著寫出要約開始以自己的思考來決定。同樣地在說話的時候，即使沒有決定的時候，無論怎麼都要說些話，把睡著的心清醒過來，心情和思考因應於它而組成由口說出的東西，寫看看才開始明白與說看看才清楚自己的想法等印象，就是這種因果關係的顯現。

兼好法師的徒然草也說到：「雖是無聊但任我終日拿著拿，將內心所浮現的想法，也不具特別目的的想法記錄下來，就會湧現奇妙的妙趣，而欣喜若狂。」而可知道心和言語的關係就是心↓言語，言語↓心。

心支配了言語——由於沒有浮現想法就沒法說。

思想沒有系統就不能寫。

即使想說話，但不知該說些什麼是好，也無法說。

言語支配著心——不會說就不會浮現想法。

無法表達言語就不能寫。

不說話就決定不了該說什麼好。

我們在日常生活中不自覺的，就邊借助於言語，或則使用言語在頭腦之中思考。試試看，不使用言語，也就是自己所想的事，所感覺的事，所感覺的事，都不用言語來表示，腦海裡也就不可能有任何想法、感覺。

因而，如果能夠使用優美的言語，自然能擁有一顆美麗的心，而要盡量試著使用所記得的優美言語，當然最開始之時大概會為自己使用得不靈巧而感到難為情，但漸漸的就能自然地使用，一八八四年威廉・傑姆士言：「人並不是因為害怕而逃避，而是因逃避而變得恐懼，不是因為愉快而微笑，是因微笑而愉快。」

翌年哥本哈根大學的卡魯・藍格也從別的方面來倡導相似的學說，因而行動由心來規制的這兩個人的學說，就稱為「傑姆士、藍格說」（情緒之末梢起源說）。

不會說也可以嘆口氣，首先要試著開口發出第一聲，從此開始了新的世界。

詞彙的多寡左右著人的生活層面

詞彙就是在一定範圍內所能使用的言語總體，與某個個人所使用的言語總體，基本詞彙與所謂的山村語彙屬於前者，而詞彙貧乏的人就屬後者，這裡所要談的詞彙就是後者。

以前，曾對某鄉村的農民與商店的主婦，做二十四個小時的言語活動調查，一天所使用的話之種類，農民為二、三二四個，主婦則有二、三一八個用語，其中一天內被使用上百次的言語在農民是「這個」、「那個」、「這……」。主婦為「是」「這個」「好」「不是……」「有」等等。雖說使用了為數頗多的詞彙，卻也可說僅用數個言語在進行日常會話。反過來說，也可說用數個詞彙就足以生活。

我們在與人談話時，從自己所知的詞彙中選擇愛用的言語來使用，但沒有選擇言詞時，就用其他的用語來代替，代用語也不適當的表示某種事態之時，或則沒有選擇之時就說：「哦！要怎麼說咧」「怎麼說呢？這……」「嗯！這個嘛！那個！」等，即使不至於搔首苦思，也會慌躁起來。

這時就要拚命運轉頭腦挑出可供選擇的詞彙，卻比只能流利地活用所知的數個字，數十個單語來說話，更可使頭腦健康，能用所知的有限詞彙流利地說話，不過成了擁有一顆貧乏的頭腦。

這種貧乏的頭腦與詞彙的例子，年輕的演藝播報員就有。「家世與金錢，那都是頗大的問題。是二月呢！雖然通常有某些人舉行結婚典禮，就這樣意外地，感到突然改變態度結婚，而今比起來感到生活是好的……。」

後面是些白痴的話就此打住，而「比起來感到生活是好的」是想要說些什麼呢？

某電視節目雖是以輕鬆見長，但客串的主持人們的詞彙之貧乏卻令人驚訝，關於出場演唱會者的歌，求之於主持人的感想，就是「我想並不太好」。這類讓人困惑而不切實際的回答，若是運用伎倆在舞台上老是跨張言詞動作是為腦袋中所裝有的東西的話，實在非常粗俗，詞彙的貧乏，就是精神生活的貧乏，而貧乏的生活是孕育不出廣闊的人際，世面廣的人就是（精神）生活豐富的人。

這樣的人必定詞彙豐富、在結婚典禮的祝福只說「恭喜」的人，在葬禮中也只會說「請節哀」，在喜與悲的兩極端都只能說出簡單字眼的人，無法期待有豐富的人際。

善於察言是走向擅長於言辭的捷徑

「你善於言辭嗎？或是拙於表達呢？」一這麼問，十個人中會有八、九個人答說不善於言辭。「那你善於察言觀色嗎？還是不善於？」若插進這句話就會「嗯！聽的方面怎麼樣呢？……」這樣喃喃地自言自語，在思索善於察言，不善於察言之餘還摻雜著詫異的表情。

我們雖惴惴不安於不善表達內心的話，但對於擅長察言之事的重要性及困難度似乎有很多人不感到痛癢，但是，比起說話聽的方面還是困難又麻煩的行為。說話的人將自己所要說的內容，基於某些精神方面的必要，藉著有組織的某些言論，有節奏地自聲帶發出，這裡所說的「某些」指的就是自己的喜好啊！或已成自己的習慣的意思。

像這樣對於說話者自己的愛好，或者習慣的行為模式，聽者即使已有聲音傳到自己耳中，眼睛也看著對方，卻不知說話者的言語是否也能照物理原理傳達到腦海及心中，況且若說話者的言論、用詞，速度皆天馬行空地以自我為中心，則漸漸的聽者的腦海就混亂了。而站在說話者的立場，愈拚命說話者的話愈混亂，真是甚為辛苦，照此意思來說應該是聽比說困難，但，聽者善於察言的話，反而能夠接觸到說者的心理，因能揣測出說話者的心意，當自己站在說話者的立場時就能顧慮到聽者的心情，所以比起不善於察言的人站在做為說話者的立場時所演說的話，還是有所不同。

而所謂的「善於察言」的涵義，我想應當就像以下的這些人等等。

①能夠完全摸清說話者的心意說話的人。

②可以引導說話者做其說話的助力的人。

③即使是索然無味的話，也設身處地耐心地聽說話者講話的人。

④察覺說話者想說而不會說的心境的人。

⑤邊聽說話者無系統的談話邊整理出要點的人。

⑥在會談及會議中，不斷思考全體的意向及情緒，而在關鍵處做適當處理的人。

⑦邊聽邊給於說話者適切地暗示及指示的人。

我一直覺得，終究能如右述那樣的，就是所謂的給予對方溫暖之擁抱的精神，只要有這種精神可以「傾向善於察言」「近似善於察言」。

因而最高竿的「善於察言」，就是達成以上的努力，還得看穿說話者的真相及欺瞞，而能夠抓住真正的意圖及事實的人吧！

不善言辭大多在於誤解了場合，言不及義

「我生來就口才不好，真是困擾！」

「世上大概沒有像我這樣拙於表達言辭的人吧！真是討厭我自己啊！」

像這樣訴說自己不善言辭的人，在任何社會都有，然而所謂的口才不佳卻是在何時，對何人及說什麼事之時，都不會在下意識裡覺得口才不好的情況為多，說得過分點，在知心的朋友及同事間，家人中說話時，「口才不佳之意識」是不會抬頭的。

總之，無論何時，不管什麼地方都不會拙於言辭，我想是在特定的場合不善於言辭，那種特定的場合一般來說大多是「正式的場合」。在正式的場合，因為不能有像非正式而率性直言的場合般的舉止，就聯想到了不善於言辭。

能說出話，也出得了聲，知道文法（這麼說是有些誇大其詞……），說的話大致也能有其條理，儘管如此，在特定的場合還是無法說話，這並不是不善辭令，實際上只是適應不了場合。很多就會有適應困難與笨拙的錯覺。

更有甚於「所謂不善言辭」的人，沒掌握住其說話的目的就開始說話，結果無法達成目的就認為自己不善於言辭，事實上這種錯覺也略為牽強。

來我們中心面談的人及接受個別指導的人，可看得出這種案例並不少，例如，在結婚典禮上受託致辭，就會臉色蒼白的人，在座的我們且聽聽看……

「那麼○○先生您打算要在那個喜宴上講些什麼？」

「我嗎？就是不知道才正頭痛著呢，我天生不會講話啊！」

因而我們什麼也做不了，畢竟抓不住目標（連確定也沒）要做什麼都會很頭大的。「我要朝哪個地方呢？」應該可以如此問。

這種情況下，若是「雖想像這樣子說，但該怎麼做才好呢？」應該就是決定了目標，在這裡頭多少也能提供說話的題材。

不承認這類場合的失措，把握不住目標，可說就無法照自己所想的說，因而馬上為自己貼上「我不善言辭」的標識，就是「思慮不深」也是好的。

而若自認為不善言辭的話，首先就會在任何時候都想到不善言辭，只要了解到任何人在這樣的場合都無法適應就會放鬆心情，接著對於自己要說的話，要試著思考看看，決定好自己「想要這麼說」的目標。那麼的話，就完全不會自認為不善言辭了。只要了解不是不善言辭而是準備不週就可鬆一口氣了。

懶惰者無法變得善於言辭

湯瑪斯・愛迪生的名言「天才是百分之一的靈感，及百分之九十九流汗努力的結晶」。也就是說，與其靠天賦的才能，還不如平日的努力，發明大王如此，我們凡人應該更要要求自己努力。

世上可見到一些擁有許多願望及期待，卻不為達成它而做任何努力的人，我們經常說連把直的放橫都不做的人叫做「懶蟲」或「怠惰者」。××縣有個「懶人」的民間故事，由於天生就很懶，並且不洗澡，住屋也是以竹竿為柱且長滿雜草，而且只用一張草蓆替代床，他整天無所事事地躺在草蓆上憑空幻想，因而村人就把他取名「懶人」。他所幻想的住在華美的房子，在庭園中挖了池塘，中間做個種有杉和松的島，架設著裝飾著金子的橋……是達不到的空想，原因是他沒有做任何努力。

希望變成善於言辭的人之中，大概沒有像懶人這樣的人吧！簡言之，就是邊怨嘆不會選擇話題而不做任何努力，說話拉拉雜雜地與滿口怨言牢騷而且全然不下工夫改善。想成為說話幽默的人，卻整天只是噘著嘴……用這種態度而想成為善於應對辭令的人，就像是椽木求魚。種種懶蟲及怠惰者只要無法達成願望及期待，即規避於自己的個性，總之，以

「究竟我還是天生不善辭令。」「我由於性格單純，可知付出了多少努力。」來逃避，以「嘿！以後還不知道怎麼呢！」來勉強自己接受，且有見到因為努力而得以變得善於言辭的人，所發表的既怨又嫉妒的妙論。「他有閒暇可以用功讀書，也就會善於措辭，那樣只是讀書還是話題不廣的話，就是傻瓜了。」

有這般結語，同是懶惰的一群人聚集在一起，就會「真是無聊，難不成我碰到了懶鬼」「哎牙！真是麻煩。」這樣的情況下不會有絲毫進展。

要改掉懶散及怠惰，要以自己的力量去鞭策。「因為沒有這種力量，反而變得自我也討厭怠惰。」大概也有人持相反的意見吧，這種人即使只是有心今日事不放到明天做，也頗能縮小懶散和怠惰的程度。再怎麼怠惰的人火燒屁股時也會跳開，今日事今日畢是非常重要的習慣。

隨時不要耽擱回信，今天要聯絡的就去聯絡。對方不在就留話在對方辦公桌上書寫要事的留話簿上，即使是日常瑣碎的事，若定個時限再好不過，即使討厭，在瑣碎的事情方面而言，將其加以區別可產生內心沸騰的活力來。

「看別人的模樣，改正自己」適用於說話的方法

運動、技藝、技術的習得並不是靠理智理解而得到，而是在於一次又一次的練習，即經驗的累積，和在同樣的練習中，玩味其中，花工夫其上的方法。

說話方法的習得也在於次數學習，被批評說：「他擁有無數次臨場經驗，難怪講得出色。」這是因為有很多場合，習得談話的經驗，而被說為「已有充分準備的情況下，仍不忘在原稿上又花工夫，即使只是一個簡單的致詞，都得仔細。」這就是時間堆砌的學習。

但是，運動、技藝之習得，除了在次數的學習及時間堆砌的學習之外，尚需有用眼去觀看的學習，當身體不舒服或受傷之際，不管在何種情況的學習下，就非得依靠雙眼去看不可，一般來說，技藝的學習之初，都是以學徒方式招收進來，從家事的零碎之事開始做起，而一邊學習師父的一舉手、一投足，這可說是看的功夫之系統化。

說話的方法要是單方面說（演講、致詞）的練習而已，可比次數、時間堆砌的學習來得簡單，但是若把自己變成聽眾，去聽說話者的說話方法，去看說話者如何掌握聽眾，讓聽眾有所變化，亦能成為學習。

拿身邊的會話來說的話，因為它是一種對於說話者的說話模樣，不得不有馬上反應的

交流形態，所以說話者的長處、短處，馬上就會傳給聽眾。對於長處，我們得有「自己要是說話的人，也想那般說看看」。把它學為已有的念頭；對於短處，我們得有「要是我的話，絕不那樣說」而把它捨棄。這就是「看別人的模樣，改正自己」。

特別是在聽人家說話時，突然被說得要光火，該想想這雖是說話者的短處，而自己是不是也在無意之中因言語傷了他人呢？這點相當重要，必須十分留意，因為人是感情的動物，莫名被指說時，猶如接受人家的攻擊，自己會毫不反顧地迅速向對方反撲，這種情況是相當多的。這樣的話，就像對於對方丟掉的寶石，我們並沒撿到它一樣，能冷靜地承受對方的話，並有餘裕來省思，如此，才能使自己說話的技巧更上層樓。

讓我們來看一則笑話。

老闆：「在我們公司裡，如何對待像你一樣說謊的人嗎？你該清楚得很。」

職員：「是很清楚，大夥兒不都使他成了推銷人員了嗎？」

老闆的話，讓他大為不高興，職員自然而然就反駁。如此或許一時能使對方屈服，但是不久以後，卻將形成互相的憎惡，而其所帶來的反效果，必定會實現，於老闆「捏我身、知人的痛楚」站在職員的立場理所當然，於職員，該想想「或許換成自己，也會那樣說挖苦人家的話。」，彼此必須都得有冷靜的情緒。

「害羞」使人不敢講話

我們常可發現小孩與父母親一同前往親戚家拜訪時，總是站在門口，不願進去屋內，父親即使連哄帶騙將他騙入屋內，他也決不待在人多的客廳中，雙親這時無論怎麼打罵也起不了什麼作用，這便是小孩所表現的「害羞」的現象，而一般人不擅於言語，不喜歡出席宴會，個性內向等，亦可說是羞怯的心理作祟。

有人曾說「害羞」是一種本能的表現，但若果是本能的話，應該無論何時何地，都會表現出「害羞」才對。

然而事實顯示羞怯的現象有時會減弱，甚至完全不會發生，因此，我們可以斷定「害羞」決非是一種本能，害羞應該是起因於對自己行為缺乏信心，或害怕自己失敗而產生的不安心理。

尤其是好勝心強的人，更害怕嚐到失敗的滋味，認為那是在眾人面前丟臉，換句話說「害羞」是在家人面前因對未來行為缺乏信心所表現出不自在的心理。

然而另一方面「害羞」卻是頭腦清晰的人所具有的特徵，因他能夠預測未來的狀況，所以才會對未來產生恐懼。

而愚笨的人是不懂得什麼是害羞。

「說話」不消說當然也是在別人面前所表現的一種行為，若是沈默不語的話，別人對你雖不會留有深刻的印象，但總比勉強對談、辭不達意，讓人誤留下惡劣的印象來的好。

因此，不善言辭的人索性沈默不語，這種心理與自我要求的水準有關，人對自我要求的水準愈高，害羞的現象亦愈強烈。

光會責備別人的人，無法改善說話方式

有一位K姓男友，二十五、六年前偶然在街上相遇，彼此寒暄問候並交談一番，K姓友人是瘋狂的馬克斯主義信奉者，與其對談時，他總喜歡將結論歸罪於「美帝」（美國帝國主義）。乾旱繼續不斷……美帝所幹的勾當，咖啡不再香醇美味……全是美帝的干涉，停電不斷的發生……又是美帝幹的好事，諸如此類的話語如雷貫耳，好幾次真想大喊住口，然而有礙於情誼，最後還是忍住，不久他來電通知要結婚，消息傳來頗令人訝異，祝福的同時難免要問其原委，然而結論卻出乎人意料之外，「我們是戀愛結婚的呀！」

我毫不加思索的詢問道：「美帝沒有干涉過你們嗎？」

他嚴肅地回答：「我們的戀愛決不允許美帝的介入。」真是開玩笑，微不足道的戀愛關係CIA根本沒有必要介入。

像他這種理論可稱為「短絡思考法」，又可稱它為「他罰主義者」。無論自己的想法、看法總是歸咎於美帝，一味地指責對方的過錯，自以為是，如此不容反駁地指責，即使現狀好轉亦視若無睹。

但若一旦情況惡化，那可讓他逮住機會，毫無忌憚地加以批評。只知一味地保護自己

，攻擊別人，終究因跳離不出自己的範圍而一事無成，說起來也頗令人同情的。

電腦可說是最誠實的，甚至比人腦多上好幾倍的誠實度，無論你輸入什麼樣的指令，電腦一定毫不保留一五十地顯現出來，而人類便不同，例如，說話者認為有趣的話題，聽眾並不一定認為有趣，此時聽眾並無法如電腦般一一接受，可能會顯露出不耐煩或不以為然的態度，甚至提出反駁的言論，說話者只知一味地發表高論，無法兼顧到聽眾思想或是動輒批評反對者的言論。

強迫別人接受自己的思想，談論的話題自然愈來愈狹隘，而淪為單語相聲。

因此，對方（聽眾）的反應及思想是說話者必須列為主要考慮因素，若能視聽眾意識及本身思想為相同地位，在談話之間依據對方反應酌加改變話題，大腦狀態亦隔之不斷運作，自己頭腦亦不容易老化；反之，自己無法接受別人的思想，自大的守舊思想，不但對自己沒有幫助，別人亦不會接納你，終究還是被社會所唾棄。

過度的恐懼反應，損人不利己

日本文豪夏目漱石亦曾有強烈的被害妄想，對面寄食的學生喜歡朗讀，至那兒拜訪的友人大聲交談時，總以為是在背後說自己的壞話。「那傢伙看起來像學生，但實際上一定是跟蹤在後的偵探」隨後便對著學生怒吼「喂，大偵探今天幾點去學校？」及「大偵探，還記得我今天是幾點出門嗎？」那位學生的表情想必是驚慌失措的吧！

這便是恐怖的反應現象轉移為攻擊的例子，若無法逃避時，往往惱羞成怒攻擊對方「此乃狗急跳牆的現象」，當然對於恐怖的反應不僅只有攻擊，也可以自己壓抑住恐怖或將恐怖合理化或阿諛。

所謂阿諛，例如遇到強盜雖然彼此是敵對的，但若同時面臨沈船的情形，為了自身的安全必定緊握著彼此的雙手，在即將沈沒的船中共同祈禱，壓抑合理化及阿諛，雖是躲避恐怖之逃避反應，但攻擊可說是對恐怖的一種積極反應。

說話時由於不安及恐懼所產生的反應尚有很多種。有強烈自卑感的人，一旦演說時總會一味地克制自己（「只是隨便說說，沒什麼了不起，獻醜，獻醜」一面說著，一面壓抑住內心的不安及恐懼）或自圓其說（「突然要我演說怎麼可能，要是之前早點通知我就好了，說的不好可不是我的罪過唷」）或恭維阿諛（對應者不斷恭維、搓著手笑臉迎人）。

這些還只是消極的反應，若一旦轉為攻擊的反應，往往故意說著粗魯的話語，即使努力想歸納出個結論卻只是徒勞無功，只好依照自己心裡想到哪兒便說到哪兒，要是發現聽者一臉困惑時，便突然變成嚴肅的態度說著：「我的言論經常是破綻百出……唔，還是請各位作適當的判斷吧！」

貓與狗打架時，經常豎立全身的毛，並弓起背部以嚇走狗，依照動物心理學者的說法，貓之所以會有如此反應，乃是因本身劣等感作祟，以為擴張後之身軀能嚇走狗，人類當然不會有如貓豎立毛髮之反應，但有時卻會以態度或語氣來嚇對方，如此一來原本只想發揮個性，但在自卑感之外卻讓人感覺是利己主義而排斥。

因此，無論是別人面前演講或是參加座談會，首先應該面露微笑。微笑不但能排除對方對你的警戒心，自己的攻擊性也同時增強，接著便挑自己最容易啟口的話題-例如自我介紹或失敗談等都可以——先打破僵局，並讓自己早些進入情況。

知道自己說話方式的缺點，發展成能言善道之途

對某件事的觀點，感情的表達方式，起居動作，飲食的方式、風格等涉及日常生活的龐大範圍，成為某個人特有的形式和傾向，一般稱為「癖」或者是「習性」。我們可由自己切身的習慣視為問題來說，其實即使是被稱為十全十美的人，都有許多局部性的小動作，例如：咬手指甲、搔頭、吐舌頭，神經質不斷地搖動大腿等。有許多習慣性動作是被認為不雅的或是難看的人很多，但是年輕女性略微歪頭思索等的習慣，被女性認為是能夠增加嬌美又可愛的魅力所在，因此，不見得要以缺點的處理法一直矯正。最重要的是要經常留心將「習慣成為自己的優點」。

當然，即使說話方法的習慣也是各有所好，因人而異了。因此有說話，同詞習慣都相當特別的人，在好的習性中就如先前所提到的「哎呀！原來如此？」和美女略微歪頭思索的方式，都能夠更加地提高對方愈來愈想說話的意願，而且「剛才的那句話說過了嗎？」能夠在談話加入前述的「呀！原來如此。」可以更加明確預防讓對方聽到重複的話題。但是若為了刻意的去討好對方，在談話中任意加入「就是說嘛！」或是很不切題又一而再，再而三隨聲附和插入「原來如此呀！」「嗯！」等詞語的話，就是所謂的壞習慣，令人感

覺很不好聽。這類惡習是屬於「謊言癖」（俗稱說謊的人）。一般說話時的惡習和說話的態度有相當多的關聯，在他的言行舉止中能夠發現到，雖然談話的內容無趣，但他卻能哈哈大笑。而且說話時不斷地搔頭擺尾坐立不安地，給人一種不很穩重的感覺，像這樣的態度，即使特別選擇了好的用詞和精彩的內容，但是結果一樣是給予對方很不愉快的感受。

一般的缺點自己是很難知道的，尤其是在說話的時候，不顧一切的沈迷於其中，如此一來對自我的判斷也就愈加困難了。

要求家人和好朋友指摘是最好不過了，因為年輕人人生的經驗淺薄，不能夠清楚地了解自己本身，是很普通的事情。因此，更應謙虛地接受他人的批評，如前所述，習慣也是功過兩面的。不好的習慣儘量不要表現出來的反面，是將好的習慣有效地利用成為自己獨特的風格，這一點是必要的，因此，像好的習慣還是不要矯正比較好。

另一方面來說，自己的習慣能夠讓對方感受到你很有魅力，所以反而使你在談話中，不斷地表現出來，同時又大吹大擂，像這樣的態度豈不是自我意識過剩？還是強調自己在的行為呢？像這種人真是令人討厭得無法忍受。

光會談論自己的人，將僅只行得通自己

說話，不管是技術性話題，或是談風花雪月，或是純只是為殺時間之閒聊，都得有說話者「人」之存在。「文如其人」這名言，無疑是利用話來顯現人的風貌，聽者和說話者要是面對面，更可從說話者對於聽者之態度、表情、視線、措辭等得知，自己被說話者以何種態度相待著，結局變成「話就是自然地訴說自己」。

我們以說話來說，在世上只顧著談自己的人倒是不少。就像每月到我家來收費的某保險公司外務女士，即是典型的例子。她，只要一出現在我家門口，即可聽到她扯開喉嚨「有人在嗎？啊！真累人」。等字眼為首的話匣子一開，接著就是「給我一杯開水好嗎？」「太太，妳真好命，老公那麼辛勤地工作著。我可歹命得很，老公成日游手好閒，才讓自己這般年齡，還非得到外面工作不可，真不知生於那個彗星裡。」到此為止，都是每月千篇一律的話題。其餘的話題就是每次來的牢騷而到她的身上種種，作為她說話的對象-我家老婆，真夠受了，家中大小給她取了一個綽號「彗星阿婆」。

這恐怕並非只有我家遭她如此「厚待」吧！必定是這般模樣到處走動，動不動就把「彗星」的字眼拿出來。我們投保，並不是為了保險公司，而是為晚年或萬一著想。

此婦人為何不能以對方為中心，而進行話題呢？以自我為中心的話題是很難讓對方接受的，在家庭主婦裡，光會說「我家老公」「我娘家」「我的煩惱」「我最了不起的地方」等字眼的人是大有人在。像這樣的人，是無法在鄰居之中周旋的很好，主因是她的心中，容不了外面的空氣流進來，而且心中一直被「我家的空氣」所滯留，所充塞。不管妳再怎麼以老公為傲，他的地位都不會因此而上升。

倒不如以「您老公如何……」為話題，在夜晚的餐桌上，向老公提出這樣的情報「老婆眼中所注視他家老公的動向」，基於這些，外在的空氣也才能漸漸地流進來。

女性自以為是的態度，使她們如此做也說不定，而男性有此傾向的人也不少。

邊招呼著客人，邊不斷地自吹自擂的外交人員，不斷地強調「我公司」的營業推銷人員，只重自己意見，不管他人意見的管理者，忽視工作全體的價值利益，只強調自己開發出來的技術群，強調又是多麼辛苦，才邁進成功的出差報告，「我」「我」不斷地說，把對方的話壓下去，費盡心思的會議景觀。

都是些無法從自己的世界跳出來的人，自己對於自己來說，當然是唯一無二的絕對者，但是，可否互相在自我為中心，所禁固的工作地方，稍微讓空氣流通一下，在通風不好的地方居住，職員的頭腦，敢保證在不久的將來，其精神的層次上必將硬化。

要想使說話內容生動有吸引力，就得和有吸引力的人多接觸

A和B是一對雙胞胎，但是成長環境互異。A被寄養，那裡環境既差，又有很多不良的朋友，而且是被放縱性所扶養長大。B則是生母自己帶，在生母死後，被基督教徒的母親所領養，而接受宗教的洗禮，因被『超越死線』所感動，而進入神學院。後來，A常犯案，來來往往於監獄之中，而B則成為牧師，有個幸福快樂的家庭。然而這二個人卻有共通點，就是意志薄弱。

——以上是『性格』一書中的一小段。性格乃是以其素質為根底，靠環境及學習所成的，所謂環境可分為：物理的環境（社會、工作地方、家庭及學校等），心理的環境（愛恨、偏見、友愛、敵意、信念等的有無及多寡，總而言之，即人的環境）。而學習則包括自己的啟發及學校教育。

像上面所談到的事，在我們身旁，也可看到很多。而更讓我驚訝的是在學生時代，既老實又不起眼的同學，後來當他出現同學會上的出色表現，而第一名的同學卻變得膽怯毫無銳氣……。

這些都是因畢業之後的環境及學習，進而改變性格。而這種性格並不是先天的，遺傳

的，而是後天的影響所造成。先天的是指素質，後天的即為環境及學習的影響。如前面所述的雙胞胎那般，因社會環境的生活，而連帶產生極大的差異。

對於有吸引力的說話者，我們的憧憬之心是無法抹滅的，在另一方面，當我們考慮自己是不是那樣的說話時，人往往容易把性格帶到生活之中。「因為女性內向」「在學校也沒參加過什麼」

性格，生活，要是變成為有吸引力的說話者的障礙時，改變性格及生活是必須的，英國的作家奧斯卡‧縱魯特說：「把人區分成好人或壞人，那是最傻的話題。而人是在於是否有吸引力或無聊，這二個中間的那一個而已。」

因為成為人的對象是人，所以是在於同有吸引力的，接觸頻度之多寡，即是改變心理環境看看而已。但是並不是要你去把現在的工作地方辭掉，找個新的工作地點，或是現在在交往中的朋友、同事絕交，再找新的知已。而是要在你現在的工作地點、友人、同事、學長之中和你認為有吸引力的人，多去同他們接觸或是經由社團收集之嗜好、研習會、座談會等機會，藉由介紹、互相遞交名片，去認識交往對方。同有吸引力的人接觸，是在你日常生活中不可或缺的調味料。

忽視寡言的人，會被輕視為任性而為之人

「昨夜，談得真起勁。」

「好像互相感到非常意氣相投，那之後怎麼了呢？」

A說B聽。再來則是B說A聽，再又是A說B聽，B說A聽……就像投球及接球的練習那般地說話，話峰一點也不停滯，彼此互相地你來我往，不在現場的第三者，透過牆壁聽著，或者靠著謠言，以一種既羨慕又嫉妒之情，把事情繼續地傳開下去。理所當然談得起勁，氣味相投，不僅限於A和B，可能會是A、B、C亦可能是A、B、C、D間的事情。

一般來說，A、B、C、D……N不管人增加多少，相互的有一方成為說話者，或成為聽者，來串連成愉快的談話，然而並不是所有的情況都這麼順利。

在說話地點、人的組成成員越多，越會有脫序的現象，就是這些人，光只是聽別人說話，一點也不積極主動地說話。

或是當話題漸漸偏離自己喜歡的東西，最後變成聽者或者原只二個人在談話，談得很起勁時，第三者中途加入時，不知不覺而成為聽者的也有。問題在於聽者要是能適時地幫

個腔，發問問題那還好，怕就是噤若寒蟬，一言不發。

陳先生有次同林姓朋友在某個飲酒地方碰面時對談，喝了酒才有話慾的陳先生，連喝三杯之後，更加勁兒地不斷請教林先生的嘴巴之開閉，自己說著：「在多言上，我可不能輸給他。」陳先生的嘴巴開閉速度是五十 mach，林先生好像有九十 mach，漸漸地被她的利嘴所壓倒，終於嘴巴都疲憊不已。最後屈服了而互相交換「朋友的酒杯」。

陳先生採取陽性的服輸態度是很好，要是都一直什麼也不說，就光只充任聽者角色之陰性的人也不少。

然而，動不動就以這種陰性的人為說話對象，視其毫無反應，覺得很好，而喋喋不休的人是很多的。而嘴巴一沾上酒，就成多嘴型的人亦不少。在旁邊聽話的人，心中一定臭罵著：「這傢伙，打算講到何時？」

像這樣愛說話的人，無法洞察到別人的痛楚及所造成的麻煩。這種人並不是「同對方說話」，而是「投言詞給對方」，因而被視為「任性之人」。被稱為獨裁者，善言者容易陷於衝動型說話者的缺陷中。在我的鄰居裡，就有這麼一個人，她不在意別人是怎麼想法，要是她想說的話，不說絕不干休，於是附近的主婦們都漸漸地疏遠她。

和討厭及難以應付的人說話，可以磨練自己的說話能力

十八世紀德國的哲學家康德，身體非常孱弱。有一天他剛刷好牙，攤開報紙準備看的瞬間，竟感染了鼻炎，而致病原因是報紙上印刷未乾涸的墨水濕氣，自古以來，也只有他因看報得病，對他來說，最令他討厭難以應付的人，莫若於在散步途中，碰到熟人，對方走過來講話，因為既先開口說話又不得不回話，而回了話又得擔心著冷空氣從口中進入肺部後就要感冒。

即使是蘇格拉底都有惡妻之擾，每天都得戰戰兢兢地過日子，何況我們這些平凡的人，何嘗沒有討厭的人，難以應付的人存在呢！他們如火一般明亮，清楚易見，從你工作的上司、屬下，顧客之中，到初識的對象，或者是因嗜好相同而聚集在一起的小團體中，以至對門三家左右鄰舍，到處都有令人討厭的人，難以應付的人充斥著。

對於討厭的人，難以應付的人，更令人生氣的是，當我們視他為討厭的傢伙時，周圍的人並沒排擠他，相反地上司格外信任他，更搏得鄰居們的好感。而這種事情又不少，於是對於他的態度就更壞，更厭惡他們。

對於難以應付的人也是如此，當我深深認為對方是難纏的人之時，對方卻不如此認為

，更不把我放在眼中，於是更加深棘手意識之提升。

人的伙伴各個來自不同的生活背景，彼此的性格、心情、思考、行動，雖是同質但並不均衡，由人所組成的社會因為是工作環境，當然有討厭的傢伙，難以應付的人存在，而對於這些人，無論如何要保持距離，儘可能減少接觸的機會，如此一來則提高其警覺意識，譬如在相撲的世界裡，要是不和難以應付的人學習，自己的弱點在哪裡將永遠無法得知，而臨機應變的處置能力之涵養也無法學成吧！

談話也是一樣。和討厭的人說話時，忍耐的精神，是不能缺少的，明明是和自己意見相左，卻又非得裝笑臉的場合，洽談公事及同上司之間的衝突事件是很多的。

依藉這種事件多寡，人的個性能磨得圓滑，待人處事更趨和善，甚且對於小事情一點也不在乎，視情況亦能在同這類人交往的過程中，意外地發現好的一面，不要把難以應付的意識，硬梆梆地擱在心中，在說話上多下些工夫，影響所及能使你反站在上風，使對方對你重新估量，俗語說：「馬要騎騎看，人要處處看」的警語，對於討厭的傢伙，難以應付的傢伙相當適用。

彼此談話共鳴機會少的人容易形成狹窄心胸

二十年前，王先生曾任職某公司的電氣技術工作，當時他課的同事曾熱心地詢問：「王先生，我們也想採用〇〇技術，所謂的〇〇簡單扼要來說是什麼呢？」而王先生是如何回答呢？「〇〇？啊，那對你太難了，不懂技術的外行人，根本無法理解，即使花一、二個鐘頭來說明，只有徒增你頭大而已。」

像這樣說話，人家一定憎惡你是位狂妄、自命不凡的傢伙，而同時王先生向其它技術人員或上司請教「這個回路怎麼」「到中層時抵抗值降低，會不會傾斜？」相當激烈地討論，而大家對我都很照顧，自己只顧熱中於自己喜歡的話題，而忽視其它，或是不配合，造成人際關係很大的障礙，因為固定和某些人交往，所以被視為「頑固」「喜怒無常」「自以為是」。

課長對王先生的評定也大傷腦筋吧！有人說：「這麼熱心研究，熱心工作的人未曾見過。」這般褒獎王先生的反面「狂妄的傢伙」地批評王先生的人也不少。

回想年輕時代種種，基於年輕「就是這般個性而行」，夜郎自大的行徑到處都是，當時錯以為是鬥志精神或純潔，現在想起來都會臉紅。

進一步來想的話，純潔並不是說沒被夾雜什麼，而是在夾雜什麼之上有無被污染到什麼，我也漸漸變得能和人擁有共同的想法，因為沒有共同想法，將使工作無法向前邁進。若在年輕時代，我能更早地向其他人表示共同想法，自己的生活範圍將更擴大而不至於有現在的後悔。

「麻將?那種堆方塊的事有什麼好玩呢?」

「打高爾夫球?不是拿個像挖耳垢的勺子、揮打球嗎?」

「貸款不是很累嗎?不是自己喜歡做的嗎?別發牢騷!」

像用這種口氣說話的傢伙是無法了解人家的喜，悲的。也有一些人即使能互表共鳴，但卻又不好意思，或說不出口的人，常常容易招到誤解。

現代的社會比起以前更緊密化，複雜化，經濟、社會、文化等之間彼此都互相關連又互相排拒。人要沒學到選擇波及現象的能力，將被時代所淘汰，於公於私，都得把握住任何機會，學習共鳴能力及選擇能力，使生活更充實。

侃侃而談自己失敗經驗的人能成為團體的中心人物

「昨晚在家時，我媽跟我說『過會兒，洗澡水熱了，你可先去洗澡。』然後，過了不久，我就進去浴室，摸摸浴缸的水熱熱的，於是我就跳進浴池，下去之後才發現下面仍是冷水，一攪動，並不是溫水，後來又挨老爸及哥哥的罵，真是火大。」

「說妳喔！有夠笨，儘做些傻事。」

——在電車之中聽到二位ＯＬ女孩的對話，揚首一看，說話的小姐長得活潑可愛，不管在那裡，一定會倍受周圍的人所喜愛。

在男性之中「前些天家裡飲食店中，做了件傻事……」輕輕鬆鬆地談論著自己的失敗經驗的人，他不憎恨什麼，而別人正側耳傾聽他的話，公司的管理者，在中餐休息時間或下班後的飲酒店裡，「上個星期天，我老婆要我到超級市場買東西，然而到了市場，我竟記不得要買什麼……」。

跟部下說這個丟臉的事，這個管理者，可是被大家視為工作鬼，既敬畏又佩服的「能幹者」，而他也把此失敗談在熱鬧的氣氛中，說開來讓周圍的人感到有人情味。

座談中成為中心的人物，往往不是平常被尊敬的人。

被尊敬的人，平常被人以一種畏懼之心相待，即使能成為周圍的目標，但難成為中心人物，只有侃侃而談自己失敗經驗的人，他的周圍才能聚集人群，因為他讓人感到親切感，易於相近，但是大部份的人成為人們所尊敬的人之後，就很少有機會去談論自己的失敗談，甚且很濃烈的想極力去掩飾失敗的傾向。

生為人，誰都會有失敗之經驗，但並不是有失敗之經驗的人就顯得卑微。自我防衛性太強的人，就會對其失敗經驗避而不談，於是容易和人之間築起牆來，而這道牆的厚度，在人際關係之間會變成「是位才華出眾的人，但卻很難親近」「因為他看不到自己，所以很難和他講話……」。

既築出這種牆，就很難被打破；要是有人表示想去打破那道牆，牆就會築得越厚，想要打破這道牆，還是得「解鈴還需繫鈴人」的自己。等待聽自己的失敗談，而要大大嘲笑一番的人是沒有的，更沒有因此而輕蔑自己行為的人。

「為什麼他（她）同人之交往這麼差呢？」「為什麼他（她）這麼獨來獨往呢？」追究原因並非是別人討厭他們或是他們的態度不好，而是他們大多無法把失敗談，坦然開懷的談論。

無法分辨是開玩笑或挖苦的人，常在不自覺之中傷害到他人

在談話之中，夾帶著玩笑，可說是說話內容的調味料。然而常常在我們生活之中可見到原本說的人抱著開玩笑的態度說話，而聽者卻故意把玩笑當成在諷刺他，而大發雷霆的事情也不少，人們可以把開玩笑的話當成是諷刺的話，卻沒有人把諷刺的話，當成是開玩笑，可見「諷刺」本身所擁的銳利性及毒性是多麼強烈了！

上司：「妳與其想在有如家庭般的地方工作，倒不如去演戲好。」

部屬（女性）：「為什麼？」

上司：「妳的聲音悅耳，措辭高雅，而且表情很豐富。」

部屬（女性）：「您別開玩笑……」

部屬（男性）：「對，對，就如課長所說那般，平常就都用那種口吻在向我說話。」

部屬（女性）：「你在諷刺我呀？」

部屬（男性）「沒有。妳要是當演員，一定會大大地受男人的喜愛和歡迎。」

上司（課長）說的話，把它當成是開玩笑，而把部屬（男性）的話當成諷刺。被視為是開玩笑或是諷刺，最重要的是在其言詞及內容之上。

下面所述即介在其中之大部分的要素。

1、明朗的談話方式及不明確的說話方式，所產生之差別——同樣的事情以一種輕快明朗的態度來說時，人家會當成是開玩笑，而以一種晦暗的方式來描述時，別人就可能把它當成諷刺。例如「真的好了不起」這句話，即可被當成是嘲笑，亦可能被當成是一種感嘆的讚美。

2、彼此的認知程度為準-即所謂了解其脾氣——即使是開玩笑說：「他，依舊老毛病不改」對方也不會在意，原因是因為他了解對方是一個怎樣的人。然而要是同其它不很親近的人這樣說的時候，可能會在對方心中激起大漣漪，變成不良的後果。再者像這樣的事情「久違了，還活著呀！」一臉笑容地跟人道久別以來的問候，因為是很親近的朋友，所以可以笑容滿面地說著，要是對一個陌生的人，人家不想成「這傢伙在咀咒我呀！」才怪呢。

3、先入為主的觀念——平常被認定「他說話可是帶刺」「那個人一天到晚居心不良」這般被根深蒂固認定時，即使偶爾想開個玩笑，卻因平時的言語行為，被誤解為又是在挖苦，諷刺人家，就像「狼來了」的故事中的少年，就是一個很好的例子。

無法表示同情的人，無法說動別人去為他做些什麼

凱斯特納在他所著的『人生處世詩集』之中「頭痛的人，給他服用頭痛藥，腹痛的人，給他服用腹痛的藥，而喉嚨痛時，服用喉痛的藥，傷口痛時，塗用軟膏，然而對於心痛的人該下什麼處方呢？」

他這樣問著讀者，接著又以自己的詩集為例，這樣地寫著：「這詩集，是適用於各症狀的處方，讀了它，能迅速地治療症狀，大有功效。」

的確醫治「心病」的藥是沒有的。而詩能慰解心痛的戲謔之詞，是可理解的，但是有「心病」的人更想要的是同情，並不只是安慰而已。親朋好友的同情、安慰，或許一時無法馬上解病，但慢慢的，它的效果會顯現出來，要是從身旁的人那兒得不到同情和安慰，他可能求於迎面而過之人。

同情就如字面，同樣之情的意思。把喜怒哀樂之情一致同樣起來，但是在芥川龍之助『侏儒的話』一書之中，「自殺者的心理只有自殺者能了解」是否真能把情一致同樣起來呢？把自己設想成對方，要是面臨那樣的情境，自己會是一種什麼感受。變成對方之後，一定可以把那種感受拉得很近，有了類似經驗之後，更能把彼此心靈的距離拉近。

要對方能為你所用，就是要對方能考慮我們正在想的事情，所期待的事，能付諸行動去做，對於我們所想要的能有所反應，當然並不是使用力氣，作為手段來驅使人家，而是靠著嘴巴，認真地、笑嘻嘻地說話態度，而且也要有正確的理解基礎。

人們各有各的行為規範及判斷標準。要是無視於這個框框，不管如何逼迫對方，在對方來說也只是變成威嚇、脅迫、強制、攻擊、懷柔而已。個人心中的城堡要塞是相當堅固，自我防衛性相當高，不容易為外人所攻進。要是對方的標準和我們的標準不一致時，要去接近，就如同同情這檔事一樣。

某國會議員，對我談到他落選時的情景，當他一落選時，去探問他的人相當多，這之間給他印象最深的是「下回好好贏它一回吧！」「○○先生，請暫時忍耐到下一回競選的來到」。而下一回他真的當選了，他說：「這句話給自己增加了多少勇氣，我自己是不知道，但是那般深刻地站在我的立場而說的話，可說是空前絕後。」「我好同情你喔！」光用嘴巴說的同情，就是不同情了。

自己的說話方式可靠角色扮演法來分析

role playing 一詞解釋為「角色扮演」，亦可說沒有劇本的即興表演。具體來說，模擬實際問題場面，各自擔任自己的角色，而進行交流溝通的練習，在推銷員的說話訓練，接客應對研修，接電話及打電話的練習上，常常被採用，這個「角色扮演」在各種的訓練及教育上的確有它的效益存在，因為在所需要的場面或事件上，都能自由地發揮運用。而且因為是模擬的關係，可以做些試驗性的各種角色練習，可嘗試各種新的技術。

基於這種練習，可以體驗到現實的情況及和心理相近情況，而相對地增加自己臨場類似經驗之累積，而這效果並不只限於角色扮演者，也影響四周在觀看的成員，自己因是站在旁觀者清的地位上，所以對擔任演出者的演技好壞都一目了然，而間接體驗地接受到練習。況且全體人員經由練習而討論，更能尋找出改善的方法，以一種更積極的態度來接納這個方法。

下面所述的這些人，希望你趕快去做角色扮演的練習。

①一講話馬上就羞怯，而臉紅的人。
②說話的樣子被批評為官僚式的人。

③引說話者的注意，無法開口的人。
④無法習慣工作或角色扮演的人。
⑤視對方為無法措辭對應的人。
⑥自己的說話方式好壞無法判斷的人。
⑦無法做好個案處理的說話方式的人。
⑧和比自己年長者，地位高者說話時，就異常緊張的人。
⑨和人碰面時，不知從何開始進行交談。
⑩無法具體地知道，如何站在對方立場講話。

在做角色扮演練習時，要是有錄音機或錄影機的話更好，因為一段結束之後，馬上能再倒帶回來，能馬上把問題點和改善點挑出來。

在實施角色扮演訓練時，下面的條件要留意。

1、在選擇場面設定或條件時，不要選不切實際的場面。
2、場面模擬時，不要戲弄演出者或其它人員，若不遵守此項規定，將使此訓練變成滑稽劇的表演。
3、選擇擔當人選時要找那些有過無數場次經驗的人。

從小說之中可尋得會話的動態

在法國有位女性會話作家，她從事電影劇本會話部分的編寫，寫了很多有名的台詞。所謂會話，就是配合話的意思，彼此雙方的呼吸上、互相搭配得很好時，就像某種調子那般，即所謂的會話形成；然而在對方，無法配合時，我這方就非得配合不可。這種配合的方式，仍須靠彼此實際地交換意見談話，才能學得其中奧妙之精髓及技巧之所在，從有名的文學作品或小說裡，也可磨練這種感受性。這方法是——

1、選擇會話多的小說或文學（翻翻內容即可知道）。

2、儘可能選擇現代作品（古典或翻譯作品不行）。

3、讀到會話的情節時，把自己當成裡面的某個人物，看他如何應付這情景，用紙把那段對話遮掩起來，再看看前面的情節及解說，然後在自己的腦子中，自己做一段會話看看。

4、會話做好之後，把紙拿掉，再閱讀實際的會話情景，了解和自己做的內容差別在哪裡。

現在拿某本小說中的一節，做為實例來參考看看。其實拿什麼小說都可以，要是對於小說中的登場人物，能抱有親近感及敬服感的話，那本小說是再好不過了。

隔壁的房間裡，傳來富美在弄東西的聲音，好像想把聲響抹滅似地、不斷地把抽屜開著、關著。阿凱出聲說：

「喂，你在做什麼？」

「搬家準備啦！」

「不是還沒決定到哪裡？」

「但是，總是要搬吧！」吸了一口氣，「或者是，改變了想法。」

到此為止，阿凱會做什麼回答呢？把阿凱回答部份用紙遮住，想想看，譬如說，他會回答：「別開玩笑了！」「你在反對我嗎？」……。而事實上，阿凱什麼也沒說，接下來富美輕輕地說：「不過，事到如今，想改變也是於事無補。」

故意以一種爽朗的語氣。阿凱結結巴巴地，到此為止，你想阿凱會做何回答呢？想好之後，再把紙片拿開。

「若不是改變心態的話，妳那種行為，稍嫌操之過急了點。」

「但是，整理眼前的東西，順便也把自己的心情也整理一下！」

原來如此，阿凱這麼說，老婆（富美）就那麼回答。像這樣一邊分析會話，一邊讀，就能有效地掌握說話的動向。

要學說話的方式，可利用收音機及電視

收音機及電視的播放，前者有六十年以上、後者有三十年以上的歷史。到目前為止，兩者在我們生活之中已到不容忽視的地步，它們深深地根植在我們生活之中，不光是躺在病床上的病人及成天游手好閒的人的專利，也不僅是情報的收集，提供娛樂，甚且已變成了學習及工作的附屬品。

打開收音機、打開電視，一邊則繼續自己原來的工作或學習，讓聲音及畫面在那兒流動，就放心了，從某種意義來說即是所謂的背景音樂（back ground misic）。人人都在活用它們，它們所擁有的機能，可供我們在人際關係的處理及說話方式上來利用它們。

1、借著車內音響或攜帶型的收音機，我們可以比別人提早一步得到情報，而把此情報拿做交談或商談時的話題。

2、要和人親睦或暢談，只要打開電視，就有共同的話題，它振奮人的情緒，有如喝茶時的小點心。

3、流行語或廣告用語首先必來自收音機或電視，在交談之中，巧妙地運用流行語或廣告詞，既能帶來笑話，又能緩和氣氛。

4、特別是在電視座談或觀眾參加的節目中，可學得播音者，或是主持人的質問方式及觀眾的答辯方法。

5、從年輕的演員會話上，學習感受措辭，但並非模倣演員，因為他們的措辭有很多是不堪入耳，所以要養成有一副聽得清楚的耳朵，知道什麼是難以聽懂的話，什麼是讓人聽起來感受很好的話。

6、拜託家人錄新聞或論談，並不是只在於不落人後，一樣獲得情報，而是在學習，話題之延展及其說服力。因為錄音能一次又一次反覆地聽，故能抓到話峰在哪兒？及自己所理解的地方在哪裡！

7、播音員、解說者，主持人，演員的說話，不是光只在錄音室內配音，大多是直接來自現場、攝影棚、錄音間轉播。所以我們可以學到演者在劇場面對觀眾及其它演出者，是採什麼姿勢說話、眼睛的張望、態度、情景描寫等。

可以利用邊走邊歸納整理說話內容

在任何說話的場合上，一個人是無法說下去的，獨自說話時只有在囈語或是自言自語的時候，在現實上來說，是否也能把它說成話嗎……。但是，話的歸納整理的準備及練習，一個人可以做，而且一個人做的好處很多。

在一次某食品公司舉辦公開場合說話的講習會時，我和中心的一位指導人員，共同處理這件事，當時，人事課有位女子也挺熱心地加入。

在一般的座談會或者是一對一的會話時，天性活潑的她，一點也不會覺得拘謹，但是在眾人面前說話，則顯得笨拙，她覺得此機會難得而參加，熱心的她一天都沒休息，到了最後講話的樣子也迅速地在改變。

於是她覺得光是講習是不夠的，找出了下面的練習方式，抓住一個人可以學習的機會。她從下車的車站到家搭公車要五分鐘，走路要花十五、六分鐘，於是她選擇用走路的，在這段路程上，自己出題目，小聲地做說話練習的方法——。

1、首先決定題目——下車之後，進入眼簾的東西（霓虹燈、車站旁忙碌的商店、夜空的月光、餐廳的香氣……）從中選其一（自己所選的題材，即使很難說也不再改變）

2、以題目為基準，到回到家這之中，邊走邊小聲地說看看。

3、在限制時間內說話一譬如說，今天這個題目，在走到賣煙商的門口要說完，在這之間能整理出話題，就算完成。

4、對今天這個題目，自己覺得不夠好，明天用同樣題目再練習一遍，這樣練習，才能體會到整理說話的技巧。

像她的方法，運用到實際的演講時，是不是能馬上見到成果，是很難說的，但是不可置疑的是，它可培養一種直覺的說話技巧運用。

她在眾人面前說話的最大缺點就是話題到處飛，停頓、忘詞、前後無法連貫。她利用公司的講習會，她自我的學習很巧妙地把此缺點克服了。

能駕輕就熟地談話時，就可成為漂亮的出擊

某研習室裡，除了開，「接客應對研修」、「電話接線生話法研修」、「各階層各業務別研修」之外，也開「說話方法教法」的教授，為此他們利用直接郵寄的方式把簡章送給各企業、各團體，這個郵寄的整理，動員了公司所有成員來幫忙，利用大家空閒多餘的時間來做。

起初裝入信封時，都是腦先告訴手才做動作，看起來很笨拙，但不久進入狀況之後，就很容易和腦部沒有關連，迅速地把簡章裝入信封之內，是手很順利地拿起簡章或簡章吸引了手，到這種程度時，在做的人覺得很愉快，而能盡情地工作下去，這就能達到「駕輕就熟」的意境。

拿騎腳踏車來說，剛騎的時候，就想著，前面會不會有行人過來呢?，這樣就會顯得很拘謹，反而向行人的地方騎過去，最後都撞成一團。然而要是騎慣了，即使有行人過來，都能坦然輕鬆地迴避過去，這就是駕輕就熟的結果。即使兩手離開了手把，也不會倒下去，也不會朝相反的方向走去，既能完全沿著自己的目的地前行，一些不必要的動作或努力也可省去。

一般來說，技術或運動都是以駕輕就熟取勝。原本是有意識，選擇的各個活動，這樣做，那樣做，到最後都變成直接本能的反射動作。駕輕就熟以後將會產生下面二種效果和現象。一為有餘裕，迅速向邁進，二為無為的精神浪費或體內之消耗不再存在，對於突發事件能有效的處理，即所謂的臨機應變。有餘裕不正是第二的效用及現象的表現嗎？

說話也是同樣，在結婚喜宴或各種典禮的致詞裡，當被指名為演講者時，能順暢地進入情況表達話的人，就可看到他駕輕就熟的情況。再者，像外交人員或表演者都是利用駕輕就熟的方式。

與其說這種能力是來自先天的素質，不如說是靠平常的累積工夫、玩味、磨練才得到，但是機械式的反應，並不能說為是駕輕就熟，再怎麼地反覆，仍只是如一個新人。

成為能言善道者的要點

若是你想成為善於說話的人，下面所舉的「自我反省表」可比較自己的狀況為何。

①想成為能言善道者的希望是一時的？永遠的？

②不管什麼時候，想成為能言善道者的意志是強烈的？薄弱的？

③本書所述各條件能實踐嗎？

④自己認為是好的事情，在平日實行著嗎？

⑤在學說話方式時你覺得不好意思嗎？

⑥對於他人說話方式的缺點會加以探討嗎？

⑦自己不善於說話的原因歸咎於學歷、職業、遺傳、工作等因素嗎？

⑧「真差勁，要是能表達的好些……」自我嘲諷嗎？

⑨解釋多遍，而難理解的人，自己會動怒嗎？

⑩在路上碰到熟人，而對方未察覺，自己能提起勇氣向對方打招呼嗎？

⑪即使不喜歡對方，亦能不形於色，而同對方來往嗎？

⑫會以那個人的說話態度，來決定選擇目標嗎？

⑬在時間較長的會議上，打瞌睡的時候很多嗎？

我深感到凡事不能光醉心於理論、光談不練，換句話說，認為是好的就得靠行動來實踐它，如此學習說話的方法之意義才會產生。確確實實地做，效果才會顯現出來，理論也是靠實行才能成為理論。我每天在生活之中，都反覆地實行下面的這些事，譬如一日「以微笑待人」，二日「把自己變成一個好聽眾」，三日「好好地說話」像這樣每天清晨即決定日行一善之目標。

把此信念，在上班之前就放入腦中，一天之中那種非得去實踐的義務感，就一直在心中湧動，在人際關係中，相當有益處的潤滑劑，這雖是小事一樁，但在實行的累積過程之中，不久自自然然地顯現在你的人格及人格之上，當你尚在對自己的事感到抱歉當兒，別人對你的感觀已同以前不同，覺得你改變不少。

這可說是能辨別根源，把所學說話技巧，實際應用所得到的。結果，就那麼一句話，把所學的付諸於行動，每日毫不停息持續著，但最重要的是，於自己所學，避免囫圇吞棗式，而是靠一次一次累積的努力。

邁往成為能言善道者之路，是在平日小小的言語活動的累積，最後才能達成。

大展出版社有限公司 圖書目錄

地址：台北市北投區(石牌)　電話：(02)28236031
致遠一路二段12巷1號　28236033
郵撥：0166955～1　傳真：(02)28272069

・法律專欄連載・電腦編號58

台大法學院　法律學系／策劃
法律服務社／編著

1. 別讓您的權利睡著了 1　200元
2. 別讓您的權利睡著了 2　200元

・秘傳占卜系列・電腦編號14

1. 手相術　淺野八郎著　180元
2. 人相術　淺野八郎著　180元
3. 西洋占星術　淺野八郎著　180元
4. 中國神奇占卜　淺野八郎著　150元
5. 夢判斷　淺野八郎著　150元
6. 前世、來世占卜　淺野八郎著　150元
7. 法國式血型學　淺野八郎著　150元
8. 靈感、符咒學　淺野八郎著　150元
9. 紙牌占卜學　淺野八郎著　150元
10. ESP超能力占卜　淺野八郎著　150元
11. 猶太數的秘術　淺野八郎著　150元
12. 新心理測驗　淺野八郎著　160元
13. 塔羅牌預言秘法　淺野八郎著　200元

・趣味心理講座・電腦編號15

1. 性格測驗① 探索男與女　淺野八郎著　140元
2. 性格測驗② 透視人心奧秘　淺野八郎著　140元
3. 性格測驗③ 發現陌生的自己　淺野八郎著　140元
4. 性格測驗④ 發現你的真面目　淺野八郎著　140元
5. 性格測驗⑤ 讓你們吃驚　淺野八郎著　140元
6. 性格測驗⑥ 洞穿心理盲點　淺野八郎著　140元
7. 性格測驗⑦ 探索對方心理　淺野八郎著　140元
8. 性格測驗⑧ 由吃認識自己　淺野八郎著　160元
9. 性格測驗⑨ 戀愛知多少　淺野八郎著　160元
10. 性格測驗⑩ 由裝扮瞭解人心　淺野八郎著　160元

11.	性格測驗⑪ 敲開內心玄機	淺野八郎著	140元
12.	性格測驗⑫ 透視你的未來	淺野八郎著	160元
13.	血型與你的一生	淺野八郎著	160元
14.	趣味推理遊戲	淺野八郎著	160元
15.	行為語言解析	淺野八郎著	160元

·婦 幼 天 地· 電腦編號 16

1.	八萬人減肥成果	黃靜香譯	180元
2.	三分鐘減肥體操	楊鴻儒譯	150元
3.	窈窕淑女美髮秘訣	柯素娥譯	130元
4.	使妳更迷人	成　玉譯	130元
5.	女性的更年期	官舒妍編譯	160元
6.	胎內育兒法	李玉瓊編譯	150元
7.	早產兒袋鼠式護理	唐岱蘭譯	200元
8.	初次懷孕與生產	婦幼天地編譯組	180元
9.	初次育兒12個月	婦幼天地編譯組	180元
10.	斷乳食與幼兒食	婦幼天地編譯組	180元
11.	培養幼兒能力與性向	婦幼天地編譯組	180元
12.	培養幼兒創造力的玩具與遊戲	婦幼天地編譯組	180元
13.	幼兒的症狀與疾病	婦幼天地編譯組	180元
14.	腿部苗條健美法	婦幼天地編譯組	180元
15.	女性腰痛別忽視	婦幼天地編譯組	150元
16.	舒展身心體操術	李玉瓊編譯	130元
17.	三分鐘臉部體操	趙薇妮著	160元
18.	生動的笑容表情術	趙薇妮著	160元
19.	心曠神怡減肥法	川津祐介著	130元
20.	內衣使妳更美麗	陳玄茹譯	130元
21.	瑜伽美姿美容	黃靜香編著	180元
22.	高雅女性裝扮學	陳珮玲譯	180元
23.	蠶糞肌膚美顏法	坂梨秀子著	160元
24.	認識妳的身體	李玉瓊譯	160元
25.	產後恢復苗條體態	居理安·芙萊喬著	200元
26.	正確護髮美容法	山崎伊久江著	180元
27.	安琪拉美姿養生學	安琪拉蘭斯博瑞著	180元
28.	女體性醫學剖析	增田豐著	220元
29.	懷孕與生產剖析	岡部綾子著	180元
30.	斷奶後的健康育兒	東城百合子著	220元
31.	引出孩子幹勁的責罵藝術	多湖輝著	170元
32.	培養孩子獨立的藝術	多湖輝著	170元
33.	子宮肌瘤與卵巢囊腫	陳秀琳編著	180元
34.	下半身減肥法	納他夏·史達賓著	180元
35.	女性自然美容法	吳雅菁編著	180元
36.	再也不發胖	池園悅太郎著	170元

37. 生男生女控制術	中垣勝裕著	220 元
38. 使妳的肌膚更亮麗	楊　皓編著	170 元
39. 臉部輪廓變美	芝崎義夫著	180 元
40. 斑點、皺紋自己治療	高須克彌著	180 元
41. 面皰自己治療	伊藤雄康著	180 元
42. 隨心所欲瘦身冥想法	原久子著	180 元
43. 胎兒革命	鈴木丈織著	180 元
44. NS 磁氣平衡法塑造窈窕奇蹟	古屋和江著	180 元
45. 享瘦從腳開始	山田陽子著	180 元
46. 小改變瘦 4 公斤	宮本裕子著	180 元
47. 軟管減肥瘦身	高橋輝男著	180 元
48. 海藻精神秘美容法	劉名揚編著	180 元
49. 肌膚保養與脫毛	鈴木真理著	180 元
50. 10 天減肥 3 公斤	彤雲編輯組	180 元
51. 穿出自己的品味	西村玲子著	280 元
52. 小孩髮型設計	李芳黛譯	250 元

・青春天地・電腦編號 17

1. A 血型與星座	柯素娥編譯	160 元
2. B 血型與星座	柯素娥編譯	160 元
3. O 血型與星座	柯素娥編譯	160 元
4. AB 血型與星座	柯素娥編譯	120 元
5. 青春期性教室	呂貴嵐編譯	130 元
7. 難解數學破題	宋釗宜編譯	130 元
9. 小論文寫作秘訣	林顯茂編譯	120 元
11. 中學生野外遊戲	熊谷康編著	120 元
12. 恐怖極短篇	柯素娥編譯	130 元
13. 恐怖夜話	小毛驢編譯	130 元
14. 恐怖幽默短篇	小毛驢編譯	120 元
15. 黑色幽默短篇	小毛驢編譯	120 元
16. 靈異怪談	小毛驢編譯	130 元
17. 錯覺遊戲	小毛驢編著	130 元
18. 整人遊戲	小毛驢編著	150 元
19. 有趣的超常識	柯素娥編譯	130 元
20. 哦！原來如此	林慶旺編譯	130 元
21. 趣味競賽 100 種	劉名揚編譯	120 元
22. 數學謎題入門	宋釗宜編譯	150 元
23. 數學謎題解析	宋釗宜編譯	150 元
24. 透視男女心理	林慶旺編譯	120 元
25. 少女情懷的自白	李桂蘭編譯	120 元
26. 由兄弟姊妹看命運	李玉瓊編譯	130 元
27. 趣味的科學魔術	林慶旺編譯	150 元
28. 趣味的心理實驗室	李燕玲編譯	150 元

29. 愛與性心理測驗	小毛驢編譯	130元
30. 刑案推理解謎	小毛驢編譯	180元
31. 偵探常識推理	小毛驢編譯	180元
32. 偵探常識解謎	小毛驢編譯	130元
33. 偵探推理遊戲	小毛驢編譯	130元
34. 趣味的超魔術	廖玉山編著	150元
35. 趣味的珍奇發明	柯素娥編著	150元
36. 登山用具與技巧	陳瑞菊編著	150元
37. 性的漫談	蘇燕謀編著	180元
38. 無的漫談	蘇燕謀編著	180元
39. 黑色漫談	蘇燕謀編著	180元
40. 白色漫談	蘇燕謀編著	180元

・健康天地・電腦編號 18

1. 壓力的預防與治療	柯素娥編譯	130元
2. 超科學氣的魔力	柯素娥編譯	130元
3. 尿療法治病的神奇	中尾良一著	130元
4. 鐵證如山的尿療法奇蹟	廖玉山譯	120元
5. 一日斷食健康法	葉慈容編譯	150元
6. 胃部強健法	陳炳崑譯	120元
7. 癌症早期檢查法	廖松濤譯	160元
8. 老人痴呆症防止法	柯素娥編譯	130元
9. 松葉汁健康飲料	陳麗芬編譯	130元
10. 揉肚臍健康法	永井秋夫著	150元
11. 過勞死、猝死的預防	卓秀貞編譯	130元
12. 高血壓治療與飲食	藤山順豐著	180元
13. 老人看護指南	柯素娥編譯	150元
14. 美容外科淺談	楊啟宏著	150元
15. 美容外科新境界	楊啟宏著	150元
16. 鹽是天然的醫生	西英司郎著	140元
17. 年輕十歲不是夢	梁瑞麟譯	200元
18. 茶料理治百病	桑野和民著	180元
19. 綠茶治病寶典	桑野和民著	150元
20. 杜仲茶養顏減肥法	西田博著	150元
21. 蜂膠驚人療效	瀨長良三郎著	180元
22. 蜂膠治百病	瀨長良三郎著	180元
23. 醫藥與生活(一)	鄭炳全著	180元
24. 鈣長生寶典	落合敏著	180元
25. 大蒜長生寶典	木下繁太郎著	160元
26. 居家自我健康檢查	石川恭三著	160元
27. 永恆的健康人生	李秀鈴譯	200元
28. 大豆卵磷脂長生寶典	劉雪卿譯	150元
29. 芳香療法	梁艾琳譯	160元

30. 醋長生寶典　柯素娥譯　180 元
31. 從星座透視健康　席拉・吉蒂斯著　180 元
32. 愉悅自在保健學　野本二士夫著　160 元
33. 裸睡健康法　丸山淳士等著　160 元
34. 糖尿病預防與治療　藤田順豐著　180 元
35. 維他命長生寶典　菅原明子著　180 元
36. 維他命 C 新效果　鐘文訓編　150 元
37. 手、腳病理按摩　堤芳朗著　160 元
38. AIDS 瞭解與預防　彼得塔歇爾著　180 元
39. 甲殼質殼聚糖健康法　沈永嘉譯　160 元
40. 神經痛預防與治療　木下真男著　160 元
41. 室內身體鍛鍊法　陳炳崑編著　160 元
42. 吃出健康藥膳　劉大器編著　180 元
43. 自我指壓術　蘇燕謀編著　160 元
44. 紅蘿蔔汁斷食療法　李玉瓊編著　150 元
45. 洗心術健康秘法　竺翠萍編譯　170 元
46. 枇杷葉健康療法　柯素娥編譯　180 元
47. 抗衰血癒　楊啟宏著　180 元
48. 與癌搏鬥記　逸見政孝著　180 元
49. 冬蟲夏草長生寶典　高橋義博著　170 元
50. 痔瘡・大腸疾病先端療法　宮島伸宜著　180 元
51. 膠布治癒頑固慢性病　加瀨建造著　180 元
52. 芝麻神奇健康法　小林貞作著　170 元
53. 香煙能防止癡呆？　高田明和著　180 元
54. 穀菜食治癌療法　佐藤成志著　180 元
55. 貼藥健康法　松原英多著　180 元
56. 克服癌症調和道呼吸法　帶津良一著　180 元
57. B 型肝炎預防與治療　野村喜重郎著　180 元
58. 青春永駐養生導引術　早島正雄著　180 元
59. 改變呼吸法創造健康　原久子著　180 元
60. 荷爾蒙平衡養生秘訣　出村博著　180 元
61. 水美肌健康法　井戶勝富著　170 元
62. 認識食物掌握健康　廖梅珠編著　170 元
63. 痛風劇痛消除法　鈴木吉彥著　180 元
64. 酸莖菌驚人療效　上田明彥著　180 元
65. 大豆卵磷脂治現代病　神津健一著　200 元
66. 時辰療法—危險時刻凌晨 4 時　呂建強等著　180 元
67. 自然治癒力提升法　帶津良一著　180 元
68. 巧妙的氣保健法　藤平墨子著　180 元
69. 治癒 C 型肝炎　熊田博光著　180 元
70. 肝臟病預防與治療　劉名揚編著　180 元
71. 腰痛平衡療法　荒井政信著　180 元
72. 根治多汗症、狐臭　稻葉益巳著　220 元
73. 40 歲以後的骨質疏鬆症　沈永嘉譯　180 元

74. 認識中藥	松下一成著	180 元
75. 認識氣的科學	佐佐木茂美著	180 元
76. 我戰勝了癌症	安田伸著	180 元
77. 斑點是身心的危險信號	中野進著	180 元
78. 艾波拉病毒大震撼	玉川重德著	180 元
79. 重新還我黑髮	桑名隆一郎著	180 元
80. 身體節律與健康	林博史著	180 元
81. 生薑治萬病	石原結實著	180 元
82. 靈芝治百病	陳瑞東著	180 元
83. 木炭驚人的威力	大槻彰著	200 元
84. 認識活性氧	井土貴司著	180 元
85. 深海鮫治百病	廖玉山編著	180 元
86. 神奇的蜂王乳	井上丹治著	180 元
87. 卡拉 OK 健腦法	東潔著	180 元
88. 卡拉 OK 健康法	福田伴男著	180 元
89. 醫藥與生活(二)	鄭炳全著	200 元
90. 洋蔥治百病	宮尾興平著	180 元
91. 年輕 10 歲快步健康法	石塚忠雄著	180 元
92. 石榴的驚人神效	岡本順子著	180 元
93. 飲料健康法	白鳥早奈英著	180 元
94. 健康棒體操	劉名揚編譯	180 元
95. 催眠健康法	蕭京凌編著	180 元
96. 鬱金（美王）治百病	水野修一著	180 元

・實用女性學講座・電腦編號 19

1. 解讀女性內心世界	島田一男著	150 元
2. 塑造成熟的女性	島田一男著	150 元
3. 女性整體裝扮學	黃靜香編著	180 元
4. 女性應對禮儀	黃靜香編著	180 元
5. 女性婚前必修	小野十傳著	200 元
6. 徹底瞭解女人	田口二州著	180 元
7. 拆穿女性謊言 88 招	島田一男著	200 元
8. 解讀女人心	島田一男著	200 元
9. 俘獲女性絕招	志賀貢著	200 元
10. 愛情的壓力解套	中村理英子著	200 元
11. 妳是人見人愛的女孩	廖松濤編著	200 元

・校園系列・電腦編號 20

1. 讀書集中術	多湖輝著	180 元
2. 應考的訣竅	多湖輝著	150 元
3. 輕鬆讀書贏得聯考	多湖輝著	150 元

4.	讀書記憶秘訣	多湖輝著	150 元
5.	視力恢復！超速讀術	江錦雲譯	180 元
6.	讀書 36 計	黃柏松編著	180 元
7.	驚人的速讀術	鐘文訓編著	170 元
8.	學生課業輔導良方	多湖輝著	180 元
9.	超速讀超記憶法	廖松濤編著	180 元
10.	速算解題技巧	宋釗宜編著	200 元
11.	看圖學英文	陳炳崑編著	200 元
12.	讓孩子最喜歡數學	沈永嘉譯	180 元
13.	催眠記憶術	林碧清譯	180 元
14.	催眠速讀術	林碧清譯	180 元
15.	數學式思考學習法	劉淑錦譯	200 元
16.	考試憑要領	劉孝暉著	180 元
17.	事半功倍讀書法	王毅希著	200 元
18.	超金榜題名術	陳蒼杰譯	200 元

・實用心理學講座・電腦編號 21

1.	拆穿欺騙伎倆	多湖輝著	140 元
2.	創造好構想	多湖輝著	140 元
3.	面對面心理術	多湖輝著	160 元
4.	偽裝心理術	多湖輝著	140 元
5.	透視人性弱點	多湖輝著	140 元
6.	自我表現術	多湖輝著	180 元
7.	不可思議的人性心理	多湖輝著	180 元
8.	催眠術入門	多湖輝著	150 元
9.	責罵部屬的藝術	多湖輝著	150 元
10.	精神力	多湖輝著	150 元
11.	厚黑說服術	多湖輝著	150 元
12.	集中力	多湖輝著	150 元
13.	構想力	多湖輝著	150 元
14.	深層心理術	多湖輝著	160 元
15.	深層語言術	多湖輝著	160 元
16.	深層說服術	多湖輝著	180 元
17.	掌握潛在心理	多湖輝著	160 元
18.	洞悉心理陷阱	多湖輝著	180 元
19.	解讀金錢心理	多湖輝著	180 元
20.	拆穿語言圈套	多湖輝著	180 元
21.	語言的內心玄機	多湖輝著	180 元
22.	積極力	多湖輝著	180 元

・超現實心理講座・電腦編號 22

1. 超意識覺醒法	詹蔚芬編譯	130 元
2. 護摩秘法與人生	劉名揚編譯	130 元
3. 秘法！超級仙術入門	陸明譯	150 元
4. 給地球人的訊息	柯素娥編著	150 元
5. 密教的神通力	劉名揚編著	130 元
6. 神秘奇妙的世界	平川陽一著	200 元
7. 地球文明的超革命	吳秋嬌譯	200 元
8. 力量石的秘密	吳秋嬌譯	180 元
9. 超能力的靈異世界	馬小莉譯	200 元
10. 逃離地球毀滅的命運	吳秋嬌譯	200 元
11. 宇宙與地球終結之謎	南山宏著	200 元
12. 驚世奇功揭秘	傅起鳳著	200 元
13. 啟發身心潛力心象訓練法	栗田昌裕著	180 元
14. 仙道術遁甲法	高藤聰一郎著	220 元
15. 神通力的秘密	中岡俊哉著	180 元
16. 仙人成仙術	高藤聰一郎著	200 元
17. 仙道符咒氣功法	高藤聰一郎著	220 元
18. 仙道風水術尋龍法	高藤聰一郎著	200 元
19. 仙道奇蹟超幻像	高藤聰一郎著	200 元
20. 仙道鍊金術房中法	高藤聰一郎著	200 元
21. 奇蹟超醫療治癒難病	深野一幸著	220 元
22. 揭開月球的神秘力量	超科學研究會	180 元
23. 西藏密教奧義	高藤聰一郎著	250 元
24. 改變你的夢術入門	高藤聰一郎著	250 元
25. 21 世紀拯救地球超技術	深野一幸著	250 元

・養 生 保 健・電腦編號 23

1. 醫療養生氣功	黃孝寬著	250 元
2. 中國氣功圖譜	余功保著	250 元
3. 少林醫療氣功精粹	井玉蘭著	250 元
4. 龍形實用氣功	吳大才等著	220 元
5. 魚戲增視強身氣功	宮　嬰著	220 元
6. 嚴新氣功	前新培金著	250 元
7. 道家玄牝氣功	張　章著	200 元
8. 仙家秘傳袪病功	李遠國著	160 元
9. 少林十大健身功	秦慶豐著	180 元
10. 中國自控氣功	張明武著	250 元
11. 醫療防癌氣功	黃孝寬著	250 元
12. 醫療強身氣功	黃孝寬著	250 元
13. 醫療點穴氣功	黃孝寬著	250 元

14. 中國八卦如意功　趙維漢著　180 元
15. 正宗馬禮堂養氣功　馬禮堂著　420 元
16. 秘傳道家筋經內丹功　王慶餘著　280 元
17. 三元開慧功　辛桂林著　250 元
18. 防癌治癌新氣功　郭　林著　180 元
19. 禪定與佛家氣功修煉　劉天君著　200 元
20. 顛倒之術　梅自強著　360 元
21. 簡明氣功辭典　吳家駿編　360 元
22. 八卦三合功　張全亮著　230 元
23. 朱砂掌健身養生功　楊永著　250 元
24. 抗老功　陳九鶴著　230 元
25. 意氣按穴排濁自療法　黃啟運編著　250 元
26. 陳式太極拳養生功　陳正雷著　200 元
27. 健身祛病小功法　王培生著　200 元
28. 張式太極混元功　張春銘著　250 元

・社會人智囊・ 電腦編號 24

1. 糾紛談判術　清水增三著　160 元
2. 創造關鍵術　淺野八郎著　150 元
3. 觀人術　淺野八郎著　180 元
4. 應急詭辯術　廖英迪編著　160 元
5. 天才家學習術　木原武一著　160 元
6. 貓型狗式鑑人術　淺野八郎著　180 元
7. 逆轉運掌握術　淺野八郎著　180 元
8. 人際圓融術　澀谷昌三著　160 元
9. 解讀人心術　淺野八郎著　180 元
10. 與上司水乳交融術　秋元隆司著　180 元
11. 男女心態定律　小田晉著　180 元
12. 幽默說話術　林振輝編著　200 元
13. 人能信賴幾分　淺野八郎著　180 元
14. 我一定能成功　李玉瓊譯　180 元
15. 獻給青年的嘉言　陳蒼杰譯　180 元
16. 知人、知面、知其心　林振輝編著　180 元
17. 塑造堅強的個性　坂上肇著　180 元
18. 為自己而活　佐藤綾子著　180 元
19. 未來十年與愉快生活有約　船井幸雄著　180 元
20. 超級銷售話術　杜秀卿譯　180 元
21. 感性培育術　黃靜香編著　180 元
22. 公司新鮮人的禮儀規範　蔡媛惠譯　180 元
23. 傑出職員鍛鍊術　佐佐木正著　180 元
24. 面談獲勝戰略　李芳黛譯　180 元
25. 金玉良言撼人心　森純大著　180 元
26. 男女幽默趣典　劉華亭編著　180 元

27. 機智說話術	劉華亭編著	180 元
28. 心理諮商室	柯素娥譯	180 元
29. 如何在公司崢嶸頭角	佐佐木正著	180 元
30. 機智應對術	李玉瓊編著	200 元
31. 克服低潮良方	坂野雄二著	180 元
32. 智慧型說話技巧	沈永嘉編著	180 元
33. 記憶力、集中力增進術	廖松濤編著	180 元
34. 女職員培育術	林慶旺編著	180 元
35. 自我介紹與社交禮儀	柯素娥編著	180 元
36. 積極生活創幸福	田中真澄著	180 元
37. 妙點子超構想	多湖輝著	180 元
38. 說 NO 的技巧	廖玉山編著	180 元
39. 一流說服力	李玉瓊編著	180 元
40. 般若心經成功哲學	陳鴻蘭編著	180 元
41. 訪問推銷術	黃靜香編著	180 元
42. 男性成功秘訣	陳蒼杰編著	180 元
43. 笑容、人際智商	宮川澄子著	180 元
44. 多湖輝的構想工作室	多湖輝著	200 元
45. 名人名語啟示錄	喬家楓著	180 元
46. 口才必勝術	黃柏松編著	220 元
47. 能言善道的說話術	章智冠編著	180 元
48. 改變人心成為贏家	多湖輝著	200 元
49. 說服的ＩＱ	沈永嘉譯	200 元
50. 提升腦力超速讀術	齊藤英治著	200 元
51. 操控對手百戰百勝	多湖輝著	200 元

・精 選 系 列・電腦編號 25

1. 毛澤東與鄧小平	渡邊利夫等著	280 元
2. 中國大崩裂	江戶介雄著	180 元
3. 台灣・亞洲奇蹟	上村幸治著	220 元
4. 7-ELEVEN 高盈收策略	國友隆一著	180 元
5. 台灣獨立（新・中國日本戰爭一）	森詠著	200 元
6. 迷失中國的末路	江戶雄介著	220 元
7. 2000 年 5 月全世界毀滅	紫藤甲子男著	180 元
8. 失去鄧小平的中國	小島朋之著	220 元
9. 世界史爭議性異人傳	桐生操著	200 元
10. 淨化心靈享人生	松濤弘道著	220 元
11. 人生心情診斷	賴藤和寬著	220 元
12. 中美大決戰	檜山良昭著	220 元
13. 黃昏帝國美國	莊雯琳譯	220 元
14. 兩岸衝突（新・中國日本戰爭二）	森詠著	220 元
15. 封鎖台灣（新・中國日本戰爭三）	森詠著	220 元
16. 中國分裂（新・中國日本戰爭四）	森詠著	220 元

17. 由女變男的我	虎井正衛著	200元
18. 佛學的安心立命	松濤弘道著	220元
19. 世界喪禮大觀	松濤弘道著	280元
20. 中國內戰（新・中國日本戰爭五）	森詠著	220元
21. 台灣內亂（新・中國日本戰爭六）	森詠著	220元
22. 琉球戰爭①（新・中國日本戰爭七）	森詠著	220元
23. 琉球戰爭②（新・中國日本戰爭八）	森詠著	220元

・運動遊戲・電腦編號26

1. 雙人運動	李玉瓊譯	160元
2. 愉快的跳繩運動	廖玉山譯	180元
3. 運動會項目精選	王佑京譯	150元
4. 肋木運動	廖玉山譯	150元
5. 測力運動	王佑宗譯	150元
6. 游泳入門	唐桂萍編著	200元

・休閒娛樂・電腦編號27

1. 海水魚飼養法	田中智浩著	300元
2. 金魚飼養法	曾雪玫譯	250元
3. 熱門海水魚	毛利匡明著	480元
4. 愛犬的教養與訓練	池田好雄著	250元
5. 狗教養與疾病	杉浦哲著	220元
6. 小動物養育技巧	三上昇著	300元
7. 水草選擇、培育、消遣	安齊裕司著	300元
8. 四季釣魚法	釣朋會著	200元
9. 簡易釣魚入門	張果馨譯	200元
10. 防波堤釣入門	張果馨譯	220元
20. 園藝植物管理	船越亮二著	220元
40. 撲克牌遊戲與贏牌秘訣	林振輝編著	180元
41. 撲克牌魔術、算命、遊戲	林振輝編著	180元
42. 撲克占卜入門	王家成編著	180元
50. 兩性幽默	幽默選集編輯組	180元
51. 異色幽默	幽默選集編輯組	180元

・銀髮族智慧學・電腦編號28

1. 銀髮六十樂逍遙	多湖輝著	170元
2. 人生六十反年輕	多湖輝著	170元
3. 六十歲的決斷	多湖輝著	170元
4. 銀髮族健身指南	孫瑞台編著	250元
5. 退休後的夫妻健康生活	施聖茹譯	200元

·飲食保健·電腦編號 29

1.	自己製作健康茶	大海淳著	220 元
2.	好吃、具藥效茶料理	德永睦子著	220 元
3.	改善慢性病健康藥草茶	吳秋嬌譯	200 元
4.	藥酒與健康果菜汁	成玉編著	250 元
5.	家庭保健養生湯	馬汴梁編著	220 元
6.	降低膽固醇的飲食	早川和志著	200 元
7.	女性癌症的飲食	女子營養大學	280 元
8.	痛風者的飲食	女子營養大學	280 元
9.	貧血者的飲食	女子營養大學	280 元
10.	高脂血症者的飲食	女子營養大學	280 元
11.	男性癌症的飲食	女子營養大學	280 元
12.	過敏者的飲食	女子營養大學	280 元
13.	心臟病的飲食	女子營養大學	280 元
14.	滋陰壯陽的飲食	王增著	220 元
15.	胃、十二指腸潰瘍的飲食	勝健一等著	280 元
16.	肥胖者的飲食	雨宮禎子等著	280 元

·家庭醫學保健·電腦編號 30

1.	女性醫學大全	雨森良彥著	380 元
2.	初為人父育兒寶典	小瀧周曹著	220 元
3.	性活力強健法	相建華著	220 元
4.	30 歲以上的懷孕與生產	李芳黛編著	220 元
5.	舒適的女性更年期	野末悅子著	200 元
6.	夫妻前戲的技巧	笠井寬司著	200 元
7.	病理足穴按摩	金慧明著	220 元
8.	爸爸的更年期	河野孝旺著	200 元
9.	橡皮帶健康法	山田晶著	180 元
10.	三十三天健美減肥	相建華等著	180 元
11.	男性健美入門	孫玉祿編著	180 元
12.	強化肝臟秘訣	主婦の友社編	200 元
13.	了解藥物副作用	張果馨譯	200 元
14.	女性醫學小百科	松山榮吉著	200 元
15.	左轉健康法	龜田修等著	200 元
16.	實用天然藥物	鄭炳全編著	260 元
17.	神秘無痛平衡療法	林宗駛著	180 元
18.	膝蓋健康法	張果馨譯	180 元
19.	針灸治百病	葛書翰著	250 元
20.	異位性皮膚炎治癒法	吳秋嬌譯	220 元
21.	禿髮白髮預防與治療	陳炳崑編著	180 元
22.	埃及皇宮菜健康法	飯森薰著	200 元

23. 肝臟病安心治療	上野幸久著	220 元
24. 耳穴治百病	陳抗美等著	250 元
25. 高效果指壓法	五十嵐康彥著	200 元
26. 瘦水、胖水	鈴木園子著	200 元
27. 手針新療法	朱振華著	200 元
28. 香港腳預防與治療	劉小惠譯	250 元
29. 智慧飲食吃出健康	柯富陽編著	200 元
30. 牙齒保健法	廖玉山編著	200 元
31. 恢復元氣養生食	張果馨譯	200 元
32. 特效推拿按摩術	李玉田著	200 元
33. 一週一次健康法	若狹真著	200 元
34. 家常科學膳食	大塚滋著	220 元
35. 夫妻們關心的男性不孕	原利夫著	220 元
36. 自我瘦身美容	馬野詠子著	200 元
37. 魔法姿勢益健康	五十嵐康彥著	200 元
38. 眼病錘療法	馬栩周著	200 元
39. 預防骨質疏鬆症	藤田拓男著	200 元
40. 骨質增生效驗方	李吉茂編著	250 元
41. 蕺菜健康法	小林正夫著	200 元
42. 赧於啟齒的男性煩惱	增田豐著	220 元
43. 簡易自我健康檢查	稻葉允著	250 元
44. 實用花草健康法	友田純子著	200 元
45. 神奇的手掌療法	日比野喬著	230 元
46. 家庭式三大穴道療法	刑部忠和著	200 元
47. 子宮癌、卵巢癌	岡島弘幸著	220 元
48. 糖尿病機能性食品	劉雪卿編著	220 元
49. 奇蹟活現經脈美容法	林振輝編譯	200 元
50. Super SEX	秋好憲一著	220 元
51. 了解避孕丸	林玉佩譯	200 元
52. 有趣的遺傳學	蕭京凌編著	200 元
53. 強身健腦手指運動	羅群等著	250 元
54. 小周天健康法	莊雯琳譯	200 元
55. 中西醫結合醫療	陳蒼杰譯	200 元
56. 沐浴健康法	楊鴻儒譯	200 元
57. 節食瘦身秘訣	張芷欣編著	200 元

・超經營新智慧・電腦編號 31

1. 躍動的國家越南	林雅倩譯	250 元
2. 甦醒的小龍菲律賓	林雅倩譯	220 元
3. 中國的危機與商機	中江要介著	250 元
4. 在印度的成功智慧	山內利男著	220 元
5. 7-ELEVEN 大革命	村上豐道著	200 元
6. 業務員成功秘方	呂育清編著	200 元

7. 在亞洲成功的智慧　鈴木讓二著　220 元
8. 圖解活用經營管理　山際有文著　220 元
9. 速效行銷學　江尻弘著　220 元

・親子系列・電腦編號 32

1. 如何使孩子出人頭地　多湖輝著　200 元
2. 心靈啟蒙教育　多湖輝著　280 元

・雅致系列・電腦編號 33

1. 健康食譜春冬篇　丸元淑生著　200 元
2. 健康食譜夏秋篇　丸元淑生著　200 元
3. 純正家庭料理　陳建民等著　200 元
4. 家庭四川菜　陳建民著　200 元
5. 醫食同源健康美食　郭長聚著　200 元
6. 家族健康食譜　東畑朝子著　200 元

・美術系列・電腦編號 34

1. 可愛插畫集　鉛筆等著　220 元
2. 人物插畫集　鉛筆等著　220 元

・心 靈 雅 集・電腦編號 00

1. 禪言佛語看人生　松濤弘道著　180 元
2. 禪密教的奧秘　葉逯謙譯　120 元
3. 觀音大法力　田口日勝著　120 元
4. 觀音法力的大功德　田口日勝著　120 元
5. 達摩禪 106 智慧　劉華亭編譯　220 元
6. 有趣的佛教研究　葉逯謙編譯　170 元
7. 夢的開運法　蕭京凌譯　180 元
8. 禪學智慧　柯素娥編譯　130 元
9. 女性佛教入門　許俐萍譯　110 元
10. 佛像小百科　心靈雅集編譯組　130 元
11. 佛教小百科趣談　心靈雅集編譯組　120 元
12. 佛教小百科漫談　心靈雅集編譯組　150 元
13. 佛教知識小百科　心靈雅集編譯組　150 元
14. 佛學名言智慧　松濤弘道著　220 元
15. 釋迦名言智慧　松濤弘道著　220 元
16. 活人禪　平田精耕著　120 元
17. 坐禪入門　柯素娥編譯　150 元
18. 現代禪悟　柯素娥編譯　130 元

19. 道元禪師語錄	心靈雅集編譯組	130 元
20. 佛學經典指南	心靈雅集編譯組	130 元
21. 何謂「生」阿含經	心靈雅集編譯組	150 元
22. 一切皆空　般若心經	心靈雅集編譯組	180 元
23. 超越迷惘　法句經	心靈雅集編譯組	130 元
24. 開拓宇宙觀　華嚴經	心靈雅集編譯組	180 元
25. 真實之道　法華經	心靈雅集編譯組	130 元
26. 自由自在　涅槃經	心靈雅集編譯組	130 元
27. 沈默的教示　維摩經	心靈雅集編譯組	150 元
28. 開通心眼　佛語佛戒	心靈雅集編譯組	130 元
29. 揭秘寶庫　密教經典	心靈雅集編譯組	180 元
30. 坐禪與養生	廖松濤譯	110 元
31. 釋尊十戒	柯素娥編譯	120 元
32. 佛法與神通	劉欣如編著	120 元
33. 悟（正法眼藏的世界）	柯素娥編譯	120 元
34. 只管打坐	劉欣如編著	120 元
35. 喬答摩・佛陀傳	劉欣如編著	120 元
36. 唐玄奘留學記	劉欣如編著	120 元
37. 佛教的人生觀	劉欣如編譯	110 元
38. 無門關（上卷）	心靈雅集編譯組	150 元
39. 無門關（下卷）	心靈雅集編譯組	150 元
40. 業的思想	劉欣如編著	130 元
41. 佛法難學嗎	劉欣如著	140 元
42. 佛法實用嗎	劉欣如著	140 元
43. 佛法殊勝嗎	劉欣如著	140 元
44. 因果報應法則	李常傳編	180 元
45. 佛教醫學的奧秘	劉欣如編著	150 元
46. 紅塵絕唱	海　若著	130 元
47. 佛教生活風情	洪丕謨、姜玉珍著	220 元
48. 行住坐臥有佛法	劉欣如著	160 元
49. 起心動念是佛法	劉欣如著	160 元
50. 四字禪語	曹洞宗青年會	200 元
51. 妙法蓮華經	劉欣如編著	160 元
52. 根本佛教與大乘佛教	葉作森編	180 元
53. 大乘佛經	定方晟著	180 元
54. 須彌山與極樂世界	定方晟著	180 元
55. 阿闍世的悟道	定方晟著	180 元
56. 金剛經的生活智慧	劉欣如著	180 元
57. 佛教與儒教	劉欣如編譯	180 元
58. 佛教史入門	劉欣如編譯	180 元
59. 印度佛教思想史	劉欣如編譯	200 元
60. 佛教與女姓	劉欣如編譯	180 元
61. 禪與人生	洪丕謨主編	260 元
62. 領悟佛經的智慧	劉欣如著	200 元

·經 營 管 理· 電腦編號 01

◎	創新經營管理六十六大計(精)	蔡弘文編	780 元
1.	如何獲取生意情報	蘇燕謀譯	110 元
2.	經濟常識問答	蘇燕謀譯	130 元
4.	台灣商戰風雲錄	陳中雄著	120 元
5.	推銷大王秘錄	原一平著	180 元
6.	新創意·賺大錢	王家成譯	90 元
7.	工廠管理新手法	琪 輝著	120 元
10.	美國實業 24 小時	柯順隆譯	80 元
11.	撼動人心的推銷法	原一平著	150 元
12.	高竿經營法	蔡弘文編	120 元
13.	如何掌握顧客	柯順隆譯	150 元
17.	一流的管理	蔡弘文編	150 元
18.	外國人看中韓經濟	劉華亭譯	150 元
20.	突破商場人際學	林振輝編著	90 元
22.	如何使女人打開錢包	林振輝編著	100 元
24.	小公司經營策略	王嘉誠著	160 元
25.	成功的會議技巧	鐘文訓編譯	100 元
26.	新時代老闆學	黃柏松編著	100 元
27.	如何創造商場智囊團	林振輝編譯	150 元
28.	十分鐘推銷術	林振輝編譯	180 元
29.	五分鐘育才	黃柏松編譯	100 元
33.	自我經濟學	廖松濤編譯	100 元
34.	一流的經營	陶田生編著	120 元
35.	女性職員管理術	王昭國編譯	120 元
36.	ＩＢＭ的人事管理	鐘文訓編譯	150 元
37.	現代電腦常識	王昭國編譯	150 元
38.	電腦管理的危機	鐘文訓編譯	120 元
39.	如何發揮廣告效果	王昭國編譯	150 元
40.	最新管理技巧	王昭國編譯	150 元
41.	一流推銷術	廖松濤編譯	150 元
42.	包裝與促銷技巧	王昭國編譯	130 元
43.	企業王國指揮塔	松下幸之助著	120 元
44.	企業精銳兵團	松下幸之助著	120 元
45.	企業人事管理	松下幸之助著	100 元
46.	華僑經商致富術	廖松濤編譯	130 元
47.	豐田式銷售技巧	廖松濤編譯	180 元
48.	如何掌握銷售技巧	王昭國編著	130 元
50.	洞燭機先的經營	鐘文訓編譯	150 元
52.	新世紀的服務業	鐘文訓編譯	100 元
53.	成功的領導者	廖松濤編譯	120 元
54.	女推銷員成功術	李玉瓊編譯	130 元

55. ＩＢＭ人才培育術	鐘文訓編譯	100元
56. 企業人自我突破法	黃琪輝編著	150元
58. 財富開發術	蔡弘文編著	130元
59. 成功的店舖設計	鐘文訓編著	150元
61. 企管回春法	蔡弘文編著	130元
62. 小企業經營指南	鐘文訓編譯	100元
63. 商場致勝名言	鐘文訓編譯	150元
64. 迎接商業新時代	廖松濤編譯	100元
66. 新手股票投資入門	何朝乾編著	200元
67. 上揚股與下跌股	何朝乾編譯	180元
68. 股票速成學	何朝乾編譯	200元
69. 理財與股票投資策略	黃俊豪編著	180元
70. 黃金投資策略	黃俊豪編著	180元
71. 厚黑管理學	廖松濤編譯	180元
72. 股市致勝格言	呂梅莎編譯	180元
73. 透視西武集團	林谷燁編譯	150元
76. 巡迴行銷術	陳蒼杰譯	150元
77. 推銷的魔術	王嘉誠譯	120元
78. 60秒指導部屬	周蓮芬編譯	150元
79. 精銳女推銷員特訓	李玉瓊編譯	130元
80. 企劃、提案、報告圖表的技巧	鄭汶譯	180元
81. 海外不動產投資	許達守編譯	150元
82. 八百伴的世界策略	李玉瓊譯	150元
83. 服務業品質管理	吳宜芬譯	180元
84. 零庫存銷售	黃東謙編譯	150元
85. 三分鐘推銷管理	劉名揚編譯	150元
86. 推銷大王奮鬥史	原一平著	150元
87. 豐田汽車的生產管理	林谷燁編譯	150元

・成　功　寶　庫・電腦編號 02

1. 上班族交際術	江森滋著	100元
2. 拍馬屁訣竅	廖玉山編譯	110元
4. 聽話的藝術	歐陽輝編譯	110元
9. 求職轉業成功術	陳義編著	110元
10. 上班族禮儀	廖玉山編著	120元
11. 接近心理學	李玉瓊編著	100元
12. 創造自信的新人生	廖松濤編著	120元
15. 神奇瞬間瞑想法	廖松濤編譯	100元
16. 人生成功之鑰	楊意苓編著	150元
19. 給企業人的諍言	鐘文訓編著	120元
20. 企業家自律訓練法	陳義編譯	100元
21. 上班族妖怪學	廖松濤編著	100元
22. 猶太人縱橫世界的奇蹟	孟佑政編著	110元

25. 你是上班族中強者	嚴思圖編著	100 元
30. 成功頓悟 100 則	蕭京凌編譯	130 元
32. 知性幽默	李玉瓊編譯	130 元
33. 熟記對方絕招	黃靜香編譯	100 元
37. 察言觀色的技巧	劉華亭編著	180 元
38. 一流領導力	施義彥編譯	120 元
40. 30 秒鐘推銷術	廖松濤編譯	150 元
42. 尖端時代行銷策略	陳蒼杰編著	100 元
43. 顧客管理學	廖松濤編著	100 元
44. 如何使對方說 Yes	程羲編著	150 元
47. 上班族口才學	楊鴻儒譯	120 元
48. 上班族新鮮人須知	程羲編著	120 元
49. 如何左右逢源	程羲編著	130 元
50. 語言的心理戰	多湖輝著	130 元
55. 性惡企業管理學	陳蒼杰譯	130 元
56. 自我啟發 200 招	楊鴻儒編著	150 元
57. 做個傑出女職員	劉名揚編著	130 元
58. 靈活的集團營運術	楊鴻儒編著	120 元
60. 個案研究活用法	楊鴻儒編著	130 元
61. 企業教育訓練遊戲	楊鴻儒編著	120 元
62. 管理者的智慧	程義編譯	130 元
63. 做個佼佼管理者	馬筱莉編譯	130 元
67. 活用禪學於企業	柯素娥編譯	130 元
69. 幽默詭辯術	廖玉山編譯	150 元
70. 拿破崙智慧箴言	柯素娥編譯	130 元
71. 自我培育・超越	蕭京凌編譯	150 元
74. 時間即一切	沈永嘉編譯	130 元
75. 自我脫胎換骨	柯素娥譯	150 元
76. 贏在起跑點　人才培育鐵則	楊鴻儒編譯	150 元
77. 做一枚活棋	李玉瓊編譯	130 元
78. 面試成功戰略	柯素娥編譯	130 元
81. 瞬間攻破心防法	廖玉山編譯	120 元
82. 改變一生的名言	李玉瓊編譯	130 元
83. 性格性向創前程	楊鴻儒編譯	130 元
84. 訪問行銷新竅門	廖玉山編譯	150 元
85. 無所不達的推銷話術	李玉瓊編譯	150 元

・處　世　智　慧・電腦編號 03

1.　如何改變你自己	陸明編譯	120 元
6.　靈感成功術	譚繼山編譯	80 元
8.　扭轉一生的五分鐘	黃柏松編譯	100 元
10. 現代人的詭計	林振輝譯	100 元
14. 女性的智慧	譚繼山編譯	90 元

16. 人生的體驗	陸明編譯	80元
18. 幽默吹牛術	金子登著	90元
24. 慧心良言	亦奇著	80元
25. 名家慧語	蔡逸鴻主編	90元
28. 如何發揮你的潛能	陸明編譯	90元
29. 女人身態語言學	李常傳譯	130元
30. 摸透女人心	張文志譯	90元
32. 給女人的悄悄話	妮倩編譯	90元
36. 成功的捷徑	鐘文訓譯	70元
37. 幽默逗笑術	林振輝著	120元
38. 活用血型讀書法	陳炳崑譯	80元
39. 心　燈	葉于模著	100元
41. 心・體・命運	蘇燕謀譯	70元
43. 宮本武藏五輪書金言錄	宮本武藏著	100元
47. 成熟的愛	林振輝譯	120元
48. 現代女性駕馭術	蔡德華著	90元
49. 禁忌遊戲	酒井潔著	90元
53. 如何達成願望	謝世輝著	90元
54. 創造奇蹟的「想念法」	謝世輝著	90元
55. 創造成功奇蹟	謝世輝著	90元
57. 幻想與成功	廖松濤譯	80元
58. 反派角色的啟示	廖松濤編譯	70元
59. 現代女性須知	劉華亭編著	75元
62. 如何突破內向	姜倩怡編譯	110元
64. 讀心術入門	王家成編譯	100元
65. 如何解除內心壓力	林美羽編著	110元
66. 取信於人的技巧	多湖輝著	110元
68. 自我能力的開拓	卓一凡編著	110元
70. 縱橫交涉術	嚴思圖編著	90元
71. 如何培養妳的魅力	劉文珊編著	90元
75. 個性膽怯者的成功術	廖松濤編譯	100元
76. 人性的光輝	文可式編著	90元
79. 培養靈敏頭腦秘訣	廖玉山編著	90元
80. 夜晚心理術	鄭秀美編譯	80元
81. 如何做個成熟的女性	李玉瓊編著	80元
82. 現代女性成功術	劉文珊編著	90元
83. 成功說話技巧	梁惠珠編譯	100元
84. 人生的真諦	鐘文訓編譯	100元
87. 指尖・頭腦體操	蕭京凌編譯	90元
88. 電話應對禮儀	蕭京凌編著	120元
89. 自我表現的威力	廖松濤編譯	100元
91. 男與女的哲思	程鐘梅編譯	110元
92. 靈思慧語	牧風著	110元
93. 心靈夜語	牧風著	100元

94. 激盪腦力訓練 廖松濤編譯 100元
95. 三分鐘頭腦活性法 廖玉山編譯 110元
96. 星期一的智慧 廖玉山編譯 100元
97. 溝通說服術 賴文琇編譯 100元

・健康與美容・電腦編號04

3. 媚酒傳(中國王朝秘酒) 陸明主編 120元
5. 中國回春健康術 蔡一藩著 100元
6. 奇蹟的斷食療法 蘇燕謀譯 130元
8. 健美食物法 陳炳崑譯 120元
9. 驚異的漢方療法 唐龍編著 90元
10. 不老強精食 唐龍編著 100元
12. 五分鐘跳繩健身法 蘇明達譯 100元
13. 睡眠健康法 王家成譯 80元
14. 你就是名醫 張芳明譯 90元
19. 釋迦長壽健康法 譚繼山譯 90元
20. 腳部按摩健康法 譚繼山譯 120元
21. 自律健康法 蘇明達譯 90元
23. 身心保健座右銘 張仁福著 160元
24. 腦中風家庭看護與運動治療 林振輝譯 100元
25. 秘傳醫學人相術 成玉主編 120元
26. 導引術入門(1)治療慢性病 成玉主編 110元
27. 導引術入門(2)健康・美容 成玉主編 110元
28. 導引術入門(3)身心健康法 成玉主編 110元
29. 妙用靈藥・蘆薈 李常傳譯 150元
30. 萬病回春百科 吳通華著 150元
31. 初次懷孕的10個月 成玉編譯 150元
32. 中國秘傳氣功治百病 陳炳崑編譯 130元
35. 仙人長生不老學 陸明編譯 100元
36. 釋迦秘傳米粒刺激法 鐘文訓譯 120元
37. 痔・治療與預防 陸明編譯 130元
38. 自我防身絕技 陳炳崑編譯 120元
39. 運動不足時疲勞消除法 廖松濤譯 110元
40. 三溫暖健康法 鐘文訓編譯 90元
43. 維他命與健康 鐘文訓譯 150元
45. 森林浴—綠的健康法 劉華亭編譯 80元
47. 導引術入門(4)酒浴健康法 成玉主編 90元
48. 導引術入門(5)不老回春法 成玉主編 90元
49. 山白竹(劍竹)健康法 鐘文訓譯 90元
50. 解救你的心臟 鐘文訓編譯 100元
52. 超人氣功法 陸明編譯 110元
54. 借力的奇蹟(1) 力拔山著 100元
55. 借力的奇蹟(2) 力拔山著 100元

國家圖書館出版品預行編目資料

能言善道的說話秘訣／章智冠編著
——初版—臺北市，大展，民 88
171 面；21 公分—（社會人智囊；47）
ISBN 957-557-944-5（平裝）
1. 口才
192.32　　88010898

能言善道的說話秘訣　ISBN 957-557-944-5

編 著 者／章　智　冠
發 行 人／蔡　森　明
出 版 者／大展出版社有限公司
社　　址／台北市北投區（石牌）致遠一路 2 段 12 巷 1 號
電　　話／(02) 28236031・28236033
傳　　真／(02) 28272069
郵政劃撥／01669551
登 記 證／局版臺業字第 2171 號
承 印 者／國順圖書印刷公司
裝　　訂／嶸興裝訂有限公司
排 版 者／千兵企業有限公司

初版 1 刷／1999 年（民 88 年） 9 月

定　價／180 元

大展好書 好書大展